BIRGIT IRGANG

# Garantiert GLUTENFREI genießen

Ein Leitfaden mit 90 raffinierten Rezeptideen

BOOKS4SUCCESS

Gestaltung Cover: Johanna Wack, Franziska Igler
Gestaltung, Satz und Herstellung: Martina Köhler
Lektorat: Hildegard Brendel
Korrektorat: Karla Seedorf
Fotos und Rezepte: Birgit Irgang

Druck: PHOENIX PRINT GmbH

ISBN 978-3-86470-341-6

Die DZG führt das ‚Glutenfrei-Symbol' als eingetragenes Warenzeichen in Deutschland und vergibt es an nationale Hersteller und Vertriebe glutenfreier Lebensmittel.



Bibliografische Information der Deutschen Nationalbibliothek:
Die Deutsche Nationalbibliothek verzeichnet diese Publikation in der Deutschen Nationalbibliografie; detaillierte bibliografische Daten sind im Internet über <http://dnb.d-nb.de> abrufbar.

BÖRSEN MEDIEN
AKTIENGESELLSCHAFT

Postfach 1449 • 95305 Kulmbach
Tel: +49 9221 9051-0 • Fax: +49 9221 9051-4444
E-Mail: buecher@boersenmedien.de
www.books4success.de
www.facebook.com/books4success

Für Finja zum Geburtstag!

Guten Appetit

wünschen

Birgit

& Katinka

# Inhalt

## *Teil 2: Glutenfreie Rezepte*

# Einleitung

## Gluten in aller Munde

Vor 25 Jahren wussten die wenigsten Menschen, was Zöliakie ist, und auch der Begriff Gluten war weitestgehend unbekannt. Heute haben viele ihn zumindest in der Zusammensetzung „glutenfrei“ schon auf Lebensmittelverpackungen gelesen, wenn sie das Wort „Gluten“ auch oft fälschlicherweise vorne statt hinten betonen und möglicherweise nicht wissen, was es eigentlich bedeutet.

In der Tat hat sich in den letzten Jahren im Hinblick auf die öffentliche Aufmerksamkeit für Gluten vielerlei geändert. In zahlreichen Publikumszeitschriften und Zeitungen werden immer wieder Artikel zu diesem Thema veröffentlicht, und auch das Fernsehen bringt Berichte über Zöliakie und verwandte Erkrankungen. Selbst die „Sendung mit der Maus“ hat sich schon kinderfreundlich aufbereitet damit befasst.

Es gibt verschiedene Gründe für diese Entwicklung. Heute wird diese Krankheit deutlich häufiger diagnostiziert, sodass die Zahl der Betroffenen zunimmt. Damit verbunden wächst auch der Bedarf an glutenfreien Produkten, was sich wiederum auf deren Verbreitung sowie die zur Verfügung stehende Auswahl auswirkt. Auch die Gesetzgebung hat sich an diese veränderte Situation angepasst, sodass die Kennzeichnung der wichtigsten Allergene (einschließlich Gluten) laut EU-Lebensmittelinformationsverordnung auf Verpackungen nun Pflicht ist.

Ein weiterer Punkt ist die Tatsache, dass sich die glutenfreie Ernährung in den letzten Jahren insbesondere in den USA zu einer Trenddiät entwickelt hat. So hört man immer wieder, dass diverse Prominente sich freiwillig glutenfrei ernähren, weil sie der Überzeugung sind, dass es ihnen guttut oder sie damit abnehmen können: beispielsweise Gwyneth Paltrow, Victoria Beckham, Lady Gaga und Billy Bob Thornton. Auch hierzulande kommen immer mehr Bücher auf den Markt, die zu erläutern versuchen, dass Gluten dick, dumm und krank macht. Und wieder andere Veröffentlichungen haben das Ziel, diese Behauptungen zu widerlegen.

Wie dem auch sei: Wer an Zöliakie, einer Glutensensitivität oder Weizenallergie leidet, ist tatsächlich unbedingt darauf angewiesen, sich glutenfrei zu ernähren – und profitiert von dem erweiterten Produktangebot, der Kennzeichnungspflicht und dem ausgeprägteren öffentlichen Bewusstsein für diese Problematik. Auch für die wirklich Betroffenen gibt es prominente Beispiele: die SPD-Politikerin Hannelore Kraft, die Biathletin Andrea Henkel, den Fußballer Jérôme Boateng sowie die Tennisprofis Novak Đoković und Sabine Lisicki. Wie Sie sehen, sind Sie also in guter Gesellschaft!

Ich wünsche Ihnen alles Gute auf Ihrem glutenfreien Weg und viel Genuss mit meinen Rezepten!

*Birgit Irgang*

# Über dieses Buch

Essenseinladungen bei Freunden, das Feierabendbier mit Kollegen, der Restaurantbesuch mit der Familie, der kleine Hunger unterwegs oder die Hostie im Gottesdienst – die Notwendigkeit zur glutenfreien Ernährung greift in viele Bereiche unseres täglichen Lebens ein. Umso wichtiger ist es zu wissen, worauf es ankommt, und für alle Eventualitäten gerüstet zu sein. Da Essen und Trinken auch eine große soziale Komponente haben und in hohem Maße zur Lebensqualität beitragen, darf auch bei Einschränkungen wie dem gesundheitlich notwendigen Verzicht auf Gluten der Genuss auf keinen Fall zu kurz kommen.

Bei der Arbeit an meinem Vorgängerbuch „Genuss ohne Gluten" kamen mir immer mehr Ideen und Rezepte in den Sinn, die ich Ihnen nicht vorenthalten wollte. So wurde rasch beschlossen, einen weiteren Band mit vielen Informationen, hilfreichen Tipps, Alltagserfahrungen, kreativen Rezepten und ansprechenden Fotos zu veröffentlichen. Ich möchte Ihnen die Vielfalt der glutenfreien Möglichkeiten erschließen und die Lust am Kochen, Backen und Experimentieren wecken. Dabei soll immer der Genuss im Mittelpunkt stehen, sodass der nötige Verzicht vollkommen in den Hintergrund tritt.

Die Rezepte, die Sie in diesem Buch finden, habe ich selbst entwickelt, gekocht und gebacken; und auch die Fotos stammen von mir. Es waren also weder Küchenchefs oder Konditormeister noch Foodstylisten oder Profifotografen am Werk. Dadurch wirkt alles besonders authentisch und zeigt Ihnen: Das können Sie auch!

Meine vielfältigen Rezepte begleiten Sie durch den Tag, das ganze Jahr und alle Anlässe: Ob das tägliche Brot, die Pizza mit Freunden, die festliche Torte oder weihnachtliche Plätzchen – hier finden Sie alles, was Sie brauchen. Darüber hinaus gibt es bei den Rezepten Allergenangaben, weiterführende Tipps und Variationsmöglichkeiten, sodass Ihnen zahlreiche ausgesprochen leckere und vielseitige Alternativen zur Verfügung stehen – auch wenn, wie bei mir, noch Laktoseintoleranz und Nahrungsmittelunverträglichkeiten oder Allergien hinzukommen.

Der Großteil der Rezepte beschäftigt sich mit dem Backen, denn das stellt bei der glutenfreien Ernährung die eigentliche Herausforderung dar. Neben Fertigmehlmischungen verwende ich verstärkt sortenreine Mehle wie Reismehl, Kichererbsenmehl oder Teffmehl. Ob Quiches, Brötchen, Kuchen, raffinierte Torten, Weihnachtsbäckerei oder köstliche Muffins: Die meisten Backwaren sind geschmacklich von den glutenhaltigen Versionen kaum zu unterscheiden und begeistern auch Menschen, die nicht an Zöliakie erkrankt sind.

## Persönliches

Als ich Anfang der 1990er-Jahre kurz vor dem Abitur stand, wurde ich zunehmend von sehr starken Bauchschmerzen geplagt, verlor deutlich an Gewicht und wurde immer schwächer. Eine nervenaufreibende Odyssee von Arzt zu Arzt begann, die mir zahlreiche Fehldiagnosen und viele erfolglose Behandlungsversuche bescherte, während die Beschwerden immer gravierender wurden. Erst über ein Jahr später erhielt ich schließlich die Diagnose Zöliakie – nachdem ein anderer Arzt diese Krankheit viele Monate zuvor bereits ausgeschlossen hatte.

Hinzu kamen bei mir im Laufe der Zeit auch einige mehr oder weniger bekannte Folgen der Zöliakie: beispielsweise Eisenmangel, Laktoseintoleranz, rheumatische Beschwerden, Nervenschmerzen und diverse Allergien. Da ich hochsensitiv bin, reicht bei mir zudem bereits eine winzige Menge Gluten, um starke Beschwerden auszulösen.

Auch wenn es nicht immer einfach war, habe ich jedoch glücklicherweise durch eine positive Lebenseinstellung, Eigeninitiative und die Lust am Experimentieren im Laufe der Zeit gelernt, mit den verschiedenen Einschränkungen umzugehen und die damit verbundenen Herausforderungen anzunehmen. Kurz nach der Diagnosestellung hätte ich mir wohl kaum vorstellen können, dass meine glutenfreien Koch- und Backversuche sowie die gesammelten Alltagserfahrungen im Umgang mit Zöliakie später mehrere Bücher füllen würden. Ich freue mich sehr, anderen Betroffenen nun mit einem Buch helfen zu können, das so ist, wie ich es mir in der anfänglichen Orientierungslosigkeit selbst gewünscht hätte – mit vielen Informationen, praktischen Tipps, ansprechenden Fotos und alltagstauglichen Rezeptideen, bei denen der Genuss im Vordergrund steht und die auch erfahrene Zöliakie-Patienten sowie Menschen, die sich nicht glutenfrei ernähren müssen, begeistern können.

Inzwischen ernähre ich mich seit über 20 Jahren glutenfrei und wohne mit meinem Lebensgefährten in Marburg. Ich bin als selbstständige Diplom-Übersetzerin, freie Journalistin und Autorin tätig. Ein Schwerpunkt meiner Arbeit liegt auf Büchern im Bereich Ernährung und Gesundheit. „Garantiert glutenfrei genießen" ist nach „Glutenfrei essen bei Zöliakie/Sprue" (Falken, 1998) und „Genuss ohne Gluten" (books-4success, 2015) mein drittes eigenes Buch zum Thema Zöliakie, und auch in meinem Blog beschäftige ich mich mit glutenfreier Ernährung. Nebenberuflich arbeite ich als Jin-Shin-Jyutsu-Praktikerin außerdem in einem Heilberuf. Und meine Freizeit widme ich bevorzugt meinen Freunden, dem Gesang, Brett- und Kartenspielen.

www.genussohnegluten.de
www.uebersetzungen-bilingua.de
www.jinshinjyutsu-marburg.de

## Liebe Leser,

die Diagnose Zöliakie und die Umstellung der Ernährung auf eine glutenfreie Kost sind für den Betroffenen ein einschneidendes Ereignis. Es kommen mit einer solchen Diagnose viele Fragen auf: ob und wie schnell man sich wieder gesund fühlt, ob es zu späteren Komplikationen kommt – von denen man doch so viel hört und die einem vielleicht auch Angst machen –, und ob noch andere Krankheiten dazukommen. Nebenbei muss man etwas Lebenswichtiges und dabei auch Alltägliches radikal ändern – das Essen. Das ist eine sehr schwere Aufgabe.

Leibspeisen, Feiertagstraditionen, aber vor allem das alltägliche Kochen wird auf den Kopf gestellt. Am Anfang muss jedes Produkt, das man konsumieren möchte, mühevoll in Listen oder digitalen Aufstellungen gesucht werden, ob man es überhaupt kaufen darf. Erst mit der Zeit und Erfahrung bekommt man eine neue Routine. Die Zöliakie ist eben keine Erkrankung, bei der man morgens eine Tablette schluckt und die man dann bis zum nächsten Tag „vergessen" kann. Nein, man muss sich ständig darum kümmern, etwas Glutenfreies bei sich zu haben, da man nun eben nicht mehr beim Bäcker Brötchen holen kann.

Dabei hat kaum etwas so viel Einfluss auf unser soziales Leben wie das Essen. Das merkt man meist erst dann, wenn man es nicht mehr so kann wie früher – wenn man nachfragen muss, ob das Essen auch glutenfrei ist, und evtl. etwas zurückgehen lassen muss, weil in der Küche doch etwas schiefgelaufen ist. Nicht immer hat das Umfeld großes Verständnis dafür, wie so manch einer bitter erfahren muss, der sich dann beim nächsten Mal fragt, ob es wirklich so schlimm ist, wenn man einfach nur die Croutons aus dem Salat pickt …? Oder Freundschaften zerbrechen, weil man scheinbar nicht mehr eingeladen werden kann. „Das ist mir einfach zu riskant." – ein Satz, der von beiden Seiten kommen kann.

Daher ist es wichtig, dass es Bücher wie das vorliegende gibt. Ein Buch, das Rezepte für Betroffene, aber auch für Nicht-Betroffene bereithält, die gelingen und die schmecken.

Denn auch wenn die glutenfreie Diät die Therapie einer Erkrankung ist, so ist das Essen selbst so viel mehr. Es bringt Menschen an einem Tisch zusammen, lässt sie reden, lachen, feiern, sich austauschen. Und das sollte Spaß machen – für alle. Daher wäre es schön, wenn wir – neben aller medizinischen Bedeutsamkeit – weniger von Diät oder einer besonderen Kost sprechen würden. Das hat eben mehr mit Krankheit und Therapie zu tun. Und auch wenn es das einerseits ist, muss man doch auch sehen, dass man andererseits tatsächlich nur einen kleinen Teil an Lebensmitteln austauschen muss, aber auch sehr viele Lebensmittel weiterhin essen kann.

Damit ist die Diagnose Zöliakie vielleicht auch als Chance zu sehen, wieder zu einer gesünderen und ausgewogeneren Ernährung zu finden, mehr zu kochen, auszuprobieren, Essen zu entdecken. Der Titel des ersten Buches von Frau Birgit Irgang hat mich daher sofort angesprochen: „Genuss ohne Gluten". Es drückt in diesen wenigen Worten genau das aus: Sie können auch mit der Zöliakie lecker essen und es genießen. Ihre Familie und Freunde merken im besten Fall nicht einmal, dass sie ebenfalls glutenfrei gegessen haben. Wenn Sie dann nach einem Rezept gefragt werden und nebenbei erwähnen, „im Übrigen, das war glutenfrei“, ist ein großer Schritt getan – in Richtung einer leckeren glutenfreien Mahlzeit. Dabei wird Sie jetzt auch der vorliegende Band „Garantiert glutenfrei genießen“ mit weiteren hilfreichen Tipps und ansprechenden, alltagstauglichen Rezepten unterstützen.

Viel Spaß beim Ausprobieren und Genießen!

*Dr. Stephanie Baas, DZG*

– Dr. Stephanie Baas ist Kinder- und Jugendärztin
und seit über zehn Jahren bei der Deutschen Zöliakie-Gesellschaft (DZG)
als beratende Ärztin tätig.

# *Teil 1:*

# ZÖLIAKIE – THEORIE UND PRAXIS

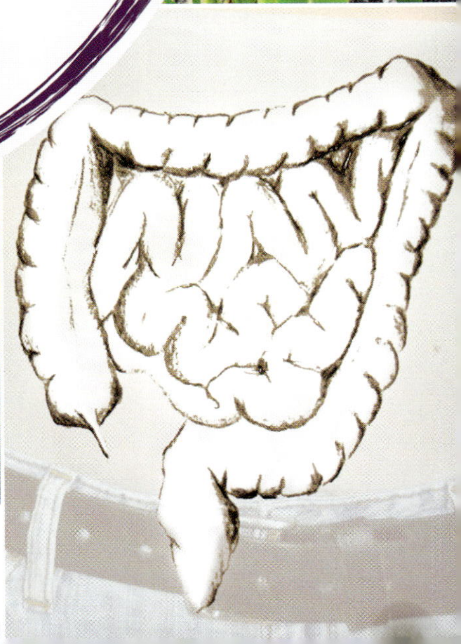

## Zöliakie - was ist das?

Wer die Diagnose Zöliakie erhält, ist in der Regel zunächst überfordert. Es tauchen viele Fragen auf: Was ist das für eine Krankheit? Was bedeutet sie für mich? Wie kann ich damit umgehen? Leider wissen oft auch die behandelnden Ärzte nicht ausreichend Bescheid oder nehmen sich nicht die Zeit, den Patienten aufzuklären.

Früher wurde die Zöliakie bei Erwachsenen als einheimische Sprue bezeichnet, und Mediziner sprechen auch von gluteninduzierter Enteropathie; es handelt sich jedoch um ein und dieselbe Krankheit. Zöliakie ist eine nicht heilbare Erkrankung des Immunsystems. Bei den betroffenen Personen löst der Verzehr von Gluten (Eiweißbestandteil bestimmter Getreidesorten, auch Klebereiweiß genannt) eine chronische Entzündung des Dünndarms aus, die zu einer Schädigung der Darmzotten führt. Diese Reaktion des Immunsystems ist keine Allergie, und Gluten ist auch nicht giftig – nur Zöliakie-Patienten reagieren auf diese Weise auf Gluten. Durch die Schädigung des Darms wird die Aufnahme aller wichtigen Nährstoffe beeinträchtigt.

Wird die Zöliakie nicht erkannt oder keine glutenfreie Diät eingehalten, kann sie zu schweren Mangelerscheinungen, Tumorerkrankungen und einer Reihe von Autoimmunkrankheiten führen. Der genaue Mechanismus der schädigenden Wirkung des Glutens ist trotz intensiver Forschung noch nicht vollständig bekannt. Allerdings ist klar, dass als Voraussetzung auf jeden Fall eine erbliche Veranlagung existieren muss. Falsche Ernährungsgewohnheiten können keine Zöliakie verursachen. Die Krankheit ist angeboren und kann in jedem Alter auftreten, wobei die Auslöser noch nicht eindeutig identifiziert sind; sicher ist allerdings, dass Infektionen oder Stress die Entstehung einer Zöliakie fördern können.

Statistisch gesehen gibt es mehr Frauen als Männer, die an Zöliakie erkrankt sind. Aufgrund der erblichen Veranlagung gibt es außerdem unter den nächsten Verwandten von Zöliakie-Patienten häufig weitere Betroffene: Diese Krankheit wird mit einer 10- bis 15-prozentigen Wahrscheinlichkeit an die nächste Generation weitergegeben. Neuesten Erkenntnissen aus dem Jahr 2015 zufolge gilt für Deutschland eine Häufigkeit von etwa 1:110. Allerdings ist die Dunkelziffer ziemlich hoch: Nur jeder Fünfte bis Siebte weiß von seiner Erkrankung.

Gluten ist in allen Weizensorten sowie in Roggen, Gerste und durch Verunreinigung mit anderem Getreide meistens auch in Hafer enthalten. Es löst beim Kontakt mit der Dünndarmschleimhaut von Zöliakie-Patienten eine entzündliche Reaktion aus. Zudem ist die Darmwand bei den betroffenen Personen durchlässig für teilweise verdaute Glutenmoleküle, die auf diese Weise in den Körper gelangen und dort zu einer Überreaktion des Immunsystems führen können. Darüber hinaus werden die Immunzellen der Schleimhaut aktiviert und Darmzotten zerstört. Da auf diese Weise die Oberfläche des Dünndarms stark verkleinert wird, können nicht mehr genügend Nährstoffe aufgenommen werden. Auch qualitativ ist die Aufnahmefähigkeit eingeschränkt. Infolgedessen kommt es unter Umständen zu einer Unterernährung und durch die Unterversorgung mit Mineralstoffen, Vitaminen und Spurenelementen zu verschiedenen Mangelerscheinungen, die eine Reihe von Beschwerden zur Folge haben können.

## Symptome

Durch den Zottenschwund im Dünndarm entstehen verschiedene Krankheitssymptome, die in den nachfolgenden Tabellen aufgelistet sind. Die wichtigsten Symptome sind in der Regel Durchfall, Bauchschmerzen, Blähungen, Gewichtsabnahme, Appetitlosigkeit, Müdigkeit und Blässe, bei Kindern auch Entwicklungsstörungen. Erwachsene weisen allerdings häufig eher untypische Symptome auf. Wenn die charakteristischen Verdauungsbeschwerden oder Durchfälle fehlen, vermutet man jedoch bei Beschwerden wie Depressionen, Eisenmangel, Blähungen, Kopfschmerzen oder Schwäche nicht unbedingt eine Zöliakie als Ursache. Das erschwert die Diagnose.

### Typische Symptome bei Säuglingen und Kleinkindern

- Massige, weiche und übelriechende Stühle
- Entwicklungsstörungen
- Aufgeblähter Bauch
- Durchfall oder Verstopfung
- Erbrechen
- Appetitlosigkeit
- Verlangsamte Gewichtszunahme
- Verringertes Wachstum
- Bauchschmerzen
- Wesensveränderungen (Missmut, Weinerlichkeit, Zurückgezogenheit)
- Eisenmangel
- Muskelschwäche
- Verlust von bereits erlernten motorischen Fähigkeiten
- Blässe
- Antriebsschwäche

### Typische Symptome bei Jugendlichen und Erwachsenen

- Verspätet einsetzende Pubertät
- Zyklus- und Schwangerschaftsstörungen bei jungen Frauen
- Durchfall, Verstopfung, wechselnde Stühle
- Blähbauch
- Bauchschmerzen
- Übelkeit
- Appetitlosigkeit oder ständiges Hungergefühl
- Gewichtsverlust
- Schwäche, Müdigkeit, Abgeschlagenheit, Antriebslosigkeit, Krankheitsgefühl
- Konzentrationsstörungen
- Eisenmangel (mit Blutarmut)
- Diverse Nährstoffdefizite (Eisen, Zink, Kalzium, Magnesium, Kalium, Vitamin A, D, B6, B12, K, Folsäure)
- Osteoporose
- Früh- oder Fehlgeburten, Unfruchtbarkeit (Mann und Frau)
- Nervenschädigungen, evtl. mit Gefühlsstörungen und unsicherem Gang

- Erhöhte Leberwerte
- Depressionen
- Migräne oder häufige Kopfschmerzen
- Muskelkrämpfe
- Neigung zu Blutergüssen

Welche Krankheitssymptome sich wie schnell entwickeln und wie ausgeprägt diese sind, ist sehr unterschiedlich. Gerade diese Vielfalt ist für die Zöliakie typisch. Die Gründe dafür sind unklar; zum Teil könnten evtl. die Glutenmenge oder der Grad der Schädigung der Darmschleimhaut verantwortlich sein. Neue Studien haben gezeigt, dass der Zeitpunkt der Einführung von Gluten in die Ernährung des Säuglings – entgegen früheren Vermutungen – keinen Einfluss auf die Entwicklung der Erkrankung hat.

Bleibt die Zöliakie unerkannt und wird nicht auf Gluten verzichtet, verschlechtert sich das Befinden immer weiter. Es kommt zu Mangelzuständen, die zu den charakteristischen Beschwerden führen. Blässe, Müdigkeit und Schwangerschaftsstörungen können z. B. eine Folge von Eisen- und Folsäuremangel sein; Kalzium- und Vitamin-D-Mangel verursachen Rachitis beim Kind und eine erhöhte Neigung zu Knochenbrüchen beim Erwachsenen, während Vitamin-K-Mangel eine größere Blutungsneigung auslöst. Nach Jahren ohne Behandlung kann es infolge der chronischen Entzündung der Dünndarmschleimhaut auch zu bösartigen Tumoren kommen.

## Zöliakie diagnostizieren

Da die Symptome auch bei anderen Krankheiten vorkommen und untypisch sein können, ist aufgrund der Beschwerden alleine keine eindeutige Diagnose möglich. Einen konkreteren Hinweis auf Zöliakie liefern Antikörper im Blut (Gliadin-Antikörper IgA und Antiendomysium-Antikörper EMA-IgA). Den definitiven Beweis erbringt allerdings erst eine Untersuchung des Dünndarms (Magenspieglung, Gastroskopie) mit Entnahme kleiner Gewebestücke (Biopsien). Dabei wird unter örtlicher Betäubung durch den Mund eine feine Sonde mit Biopsiezange eingeführt. Diese Methode ist auch schon für Säuglinge geeignet, problemlos durchführbar und dauert lediglich 10 bis 15 Minuten. Die entnommenen Gewebeproben werden auf typische Zöliakie-Merkmale untersucht. In Kombination mit den klinischen Werten, den Laborbefunden und Ergebnissen der Antikörperbestimmungen kann dann die Zöliakie eindeutig diagnostiziert werden.

Manchmal wird lediglich aufgrund der Laborwerte ohne Biopsie eine Zöliakie vermutet und eine glutenfreie Ernährung als Probediät empfohlen. Tritt eine Besserung der Beschwerden ein, wird daraus im Nachhinein gefolgert, dass eine Zöliakie vorliegt. Dadurch können mit der Zeit Zweifel auftreten, ob es sich tatsächlich um Zöliakie handelt und eine lebenslange Diät wirklich erforderlich ist. Deshalb empfiehlt es sich, von Anfang an neben der Antikörperuntersuchung auch eine Biopsie durchzuführen, um eine eindeutige Diagnose zu haben.

Im Handel erhältliche Zöliakie-Schnelltests bieten keine sichere Diagnose der Erkrankung, da sie zu falschen positiven wie negativen Ergebnissen führen können. Für eine gesicherte Diagnose ist neben einer Blutuntersuchung nach wie vor eine Gewebeprobe des Dünndarms unbedingt erforderlich.

## Nach der Diagnose

Nach einer eindeutigen Zöliakie-Diagnose muss konsequent auf Gluten verzichtet, also eine glutenfreie Diät durchgeführt werden. Sämtliche Nahrungsmittel, die Gluten aus einer der Weizensorten (auch Dinkel und Grünkern) sowie aus Roggen oder Gerste enthalten, müssen von nun an gemieden werden. Da Hafer und Buchweizen durch Kontamination oft ebenfalls glutenhaltig sind, dürfen sie nur verzehrt werden, wenn ihre Glutenfreiheit garantiert ist. Zudem wird Hafer zwar von den meisten, aber nicht von allen Zöliakie-Patienten vertragen.

Wer Zöliakie hat, muss seine gesamte Ernährung umstellen. Das ist insbesondere anfangs schwierig, zumal für den Laien nicht immer sofort erkennbar ist, welche Produkte Gluten enthalten. Als Ersatz für alle glutenhaltigen Nahrungsmittel (wie Brot, Gebäck und Nudeln) kann man glutenfreie Nahrungsmittel kaufen oder selbst herstellen. Inzwischen ist ein wachsendes glutenfreies Produktangebot glücklicherweise nicht mehr nur in Reformhäusern und im Internet, sondern zunehmend auch im örtlichen Lebensmittelhandel erhältlich.

Wird die glutenfreie Ernährung ausgewogen gestaltet, enthält sie in der Regel alle notwendigen Nahrungsbestandteile. Gegebenenfalls sollte mit einem Arzt geklärt werden, ob eine Unterversorgung mit bestimmten Nährstoffen oder Vitaminen besteht. Normalerweise macht sich durch die glutenfreie Diät eine Besserung der Beschwerden recht schnell bemerkbar, da die Erholung der Schleimhaut meistens schon innerhalb weniger Tage nach dem Glutenverzicht einsetzt. Nach wenigen Wochen haben sich der Appetit, die Laune und der Allgemeinzustand gebessert, etwas später auch die Stühle, und nach einigen Monaten hat sich die Darmschleimhaut in der Regel vollständig erholt.

Eine Alternative zur glutenfreien Ernährung gibt es bislang leider nicht. Wissenschaftler suchen zwar nach Wirkstoffen gegen Zöliakie, zur Verbesserung des Abbaus von Gluten und zur Senkung der Durchlässigkeit des Darms, um der chronischen Entzündung entgegenzuwirken – doch bisher sind solche Medikamente nicht verfügbar.

Einige Ärzte führen ein Jahr nach Beginn der glutenfreien Ernährung zur Sicherheit eine zweite Biopsie durch, um die Heilung der Darmzotten zu überprüfen. Das ist jedoch in der Regel nicht erforderlich: Die Bestimmung der Antikörper nach Beginn der glutenfreien Ernährung reicht; wird die Diät gut eingehalten, normalisieren sich die Antikörper. Bestehen weiterhin Beschwerden, sollte allerdings ein Arzt aufgesucht werden, um eventuelle Mangelerscheinungen oder zusätzliche Erkrankungen zu erkennen. Ansonsten ist eine ärztliche Überwachung nicht erforderlich.

Bei der Gestaltung der glutenfreien Ernährung und medizinischen Fragen kann auch die Deutsche Zöliakie-Gesellschaft (DZG, www.dzg-online.de, siehe unten) sehr hilfreich sein.

## Zusammenhang mit anderen Krankheiten

Manche Krankheiten kommen bei Zöliakie-Patienten leider häufiger vor als normal. Die Liste ist lang, aber natürlich müssen diese Erkrankungen nicht zwangsläufig bei jedem Zöliakie-Patienten tatsächlich auftreten. Wer sich nicht strikt an die glutenfreie Ernährung hält, steigert allerdings das Risiko, eine dieser Krankheiten zu bekommen.

Dazu zählen neben Nährstoffdefiziten und deren Folgen (z. B. Osteoporose, Anämie, Hautausschläge) verschiedene Autoimmunerkrankungen (wie Diabetes, Morbus Crohn, Colitis Ulcerosa, Hashimoto, rheumatische Erkrankungen), psychische Krankheiten (z. B. Autismus und Depressionen), neurologische Störungen, Tumore, Migräne, Unfruchtbarkeit, Fehlgeburten und Funktionsstörungen verschiedener Organe.

In Kombination mit einer Zöliakie kommt es außerdem sehr häufig zu einer Laktoseintoleranz (Milchzuckerunverträglichkeit). Ein Mangel des milchzuckerspaltenden Enzyms Laktase führt wenige Stunden nach dem Verzehr von milchzuckerhaltigen Speisen zu Blähungen, Bauchschmerzen, Übelkeit oder Durchfall. Bei Zöliakie-Patienten ist die Aktivität des Enzyms Laktase häufig stark vermindert, erholt sich aber bei einer glutenfreien Ernährung oft innerhalb einiger Wochen. Die Betroffenen sollten (nach einer entsprechenden Untersuchung) laktosereiche Milchprodukte (z. B. Milch, Joghurt, Sahne, Eis) meiden. Allerdings leiden viele Zöliakie-Patienten auch dauerhaft unter Laktoseintoleranz. Für sie gibt es das Enzym Laktase in Tablettenform in verschiedenen Dosierungen. Leider wirken diese Tabletten nicht bei jedem Betroffenen gleich gut. Im Lebensmittelhandel sind darüber hinaus als „laktosefrei" gekennzeichnete Produkte erhältlich, denen Laktase zugesetzt wurde. Alternativ kann man auf Ersatzprodukte wie Sojajoghurt, Sojasahne, Reis- oder Mandelmilch zurückgreifen.

### Kurz und gut

- Zöliakie ist eine Autoimmunerkrankung, die mit einer chronischen Entzündung des Darms einhergeht. Diese Reaktion wird durch Gluten ausgelöst.
- Häufig kommt es zu diversen Verdauungsbeschwerden und Bauchschmerzen. Doch die Symptome können auch sehr unspezifisch sein.
- Eine eindeutige Diagnose ist nur durch eine Magenspiegelung möglich, bei der Gewebeproben aus dem Dünndarm entnommen werden.
- Da es keine Medikamente oder anderen Therapiemöglichkeiten gibt, ist eine konsequente und lebenslange glutenfreie Ernährung unumgänglich.

## Die Umstellung auf eine glutenfreie Ernährung

Bei Zöliakie-Patienten werden durch die Reaktion des Immunsystems auf Gluten Schleimhautveränderungen verursacht. Da es bisher nicht möglich ist, diese Reaktion durch Medikamente zu unterdrücken oder die Erbanlage zu verändern, gibt es leider keine Alternative zum konsequenten und lebenslangen Verzicht auf Gluten. Deshalb ist eine radikale Umstellung der Ernährungsgewohnheiten unumgänglich und erfordert

Disziplin. Anfangs ist das zugegebenermaßen eine Herausforderung, doch mit der Zeit bekommt man Routine. Da man meistens recht bald merkt, dass die Besserung des Gesundheitszustands an die strikte Einhaltung der glutenfreien Ernährung geknüpft ist, wird diese vermutlich auch für Sie innerhalb kurzer Zeit zur Selbstverständlichkeit werden.

Es kann sinnvoll sein, zu Beginn der Diät auf fettarme, leicht verdauliche Lebensmittel mit einem hohen Anteil an Kohlenhydraten zu achten und Milchprodukte sowie blähende Speisen generell zu meiden. So gönnen Sie Ihrem Darm eine Erholungspause. Auf jeden Fall müssen Sie außerdem auf eine ausreichende Versorgung mit Vitaminen und Mineralstoffen achten.

Sollten die Beschwerden trotz der glutenfreien Diät anhalten, ist es ratsam, ein Ernährungstagebuch zu führen. Notieren Sie, wann Sie welche Nahrungsmittel zu sich nehmen und welche Beschwerden auftreten. So können Sie herausfinden, ob Sie auf bestimmte Lebensmittel empfindlich reagieren, und diese dann vorübergehend meiden. Bei größeren Beschwerden sollten Sie einen Arzt aufsuchen.

Einige Zöliakie-Patienten reagieren schon auf kleinste Mengen Gluten mit starken Schmerzen oder Durchfall, während andere Betroffene bei einer einmaligen Einnahme geringer Glutenmengen keine spürbaren Symptome zeigen. Es kann also passieren, dass bewusste oder unbewusste Diätfehler ohne erkennbare Beschwerden bleiben, obwohl die Schleimhaut sofort darauf reagiert und geschädigt wird.

In dieser Situation kann deshalb die trügerische Hoffnung aufkommen, dass es zu einer Heilung gekommen sein könnte. Allerdings nehmen bei wiederholtem Glutenverzehr die Schädigungen der Schleimhaut wieder zu und die Antikörper, die nach dem Glutenausschluss verschwunden waren, können erneut im Blut nachgewiesen werden. Mit der Zeit treten auch die bekannten Krankheitssymptome immer deutlicher auf. Aus diesem Grund ist eine strikte Einhaltung der Diät ausgesprochen wichtig, zumal andernfalls nachgewiesenermaßen das Krebsrisiko und die Gefahr anderer Folgeerkrankungen stark erhöht sind.

Ein einmaliger Diätfehler wird durch die Abschilferung der geschädigten Zellen und den Aufbau neuer Zellen innerhalb von einigen Tagen oder wenigen Wochen vollumfänglich repariert. Wenn kein weiterer Diätfehler erfolgt, ist eine vollständige Erholung des Darms dann glücklicherweise innerhalb kurzer Zeit vollzogen.

Wenn Sie auf eine ausgewogene Ernährung achten, kann die glutenfreie Diät mit einer normalen Kost mithalten. Gelegentlich kann es zu einer Unterversorgung beispielsweise mit Eisen, Folsäure oder Vitamin B12 kommen. Im Zweifelsfall sollten Sie Ihren Arzt befragen. Außerdem kann der fehlende Verzehr von Vollkornprodukten zu einem Mangel an Ballaststoffen führen, welche für die Regulierung der Darmtätigkeit wichtig sind. Grob gemahlenes glutenfreies Getreide sowie Vollkornreis und glutenfreies Müsli können diesen Mangel ausgleichen. Zudem gibt es die Möglichkeit, z. B. über Zuckerrübenfasern, Chiasamen, Flohsamen, Leinsamen oder Sonnenblumenkerne zusätzliche Ballaststoffe aufzunehmen.

In letzter Zeit hat sich die glutenfreie Ernährung zu einem Trend entwickelt. Angeblich soll glutenfreie Nahrung generell auch für all jene gesünder sein, die weder an Zöliakie erkrankt sind noch an einer Glutensensitivität oder Weizenallergie leiden.

Viele Publikationen versuchen zu erklären, warum Gluten dick, krank und dumm macht, während andere Veröffentlichungen sich bemühen, das Gegenteil zu beweisen. Wie dem auch sei: Wer Zöliakie hat, ist unbedingt auf eine strikt glutenfreie Ernährung angewiesen – vollkommen unabhängig von neuen Gesundheitstrends oder Modediäten!

## Glutenfreie Lebensmittel

Glutenfreie Lebensmittel werden in zunehmendem Maße durch ein Symbol (durchgestrichene Ähre im Kreis) gekennzeichnet, was die Orientierung ungemein erleichtert. Außerdem hält die Deutsche Zöliakie-Gesellschaft für ihre Mitglieder umfangreiche, ständig aktualisierte Aufstellungen glutenfreier Lebensmittel bereit.

Hilfreich sind auch die EU-Verordnungen zur Lebensmittelkennzeichnung: Inzwischen muss beispielsweise bei glutenhaltiger Stärke in Lebensmitteln die genaue pflanzliche Herkunft angegeben werden; glutenhaltige Stärke kann man bei Produkten aus EU-Ländern also anhand der Zutatenliste erkennen. Außerdem müssen Allergene (wie Milch, Nüsse, Sellerie und eben auch Gluten) seit einigen Jahren in der Zutatenliste hervorgehoben werden. Seit Dezember 2014 gilt auch für lose Ware eine Auskunftspflicht, also beispielsweise an der Fleischtheke oder im Restaurant.

Lassen Sie sich von dem Hinweis auf Verpackungen, das Lebensmittel könne „Spuren von Gluten" enthalten, nicht verunsichern. Diese Formulierung ist als rechtliche Absicherung bei unbeabsichtigten Verunreinigungen gedacht, wenn z. B. im selben Unternehmen auch glutenhaltige Produkte hergestellt werden. Dass man diese Produkte bedenkenlos essen kann, wenn sie ohne glutenhaltige Zutaten hergestellt worden sind, bestätigt auch die Deutsche Zöliakie-Gesellschaft.

Als glutenfrei gelten Lebensmittel, die von Natur aus kein Gluten enthalten oder einen Grenzwert von 20 ppm (20 mg/kg) nicht überschreiten. Normalerweise werden von den meisten Zöliakie-Patienten bis zu 10 mg Gluten pro Tag vertragen – das sind wenige Brotkrümel, ein Drittel Crouton oder eine kleine Nudel …

Die glutenfreie Ernährung schlägt monatlich mit Mehrkosten von rund 100 Euro zu Buche, die nicht von der Krankenkasse übernommen werden. Leider erkennt das Finanzamt auch keine pauschalen Steuerfreibeträge dafür an. Aber wer selbst kocht und bäckt, kann die Kosten ein wenig senken.

Gestalten Sie Ihre Ernährung so, dass das Hauptaugenmerk nicht auf dem Verbotenen liegt, sondern auf der Auswahl aus dem reichhaltigen Angebot an Nahrungsmitteln, die von Natur aus glutenfrei sind. Nicht der Verzicht sollte im Vordergrund stehen, sondern der Genuss!

Anstelle des üblichen glutenhaltigen Weizenmehls stehen beispielsweise neben sortenreinem Mais-, Kichererbsen- oder Reismehl sowie der Kartoffelstärke auch glutenfreie Mehlmischungen zur Verfügung. Mit diesen Mehlen lassen sich die verschiedensten Backwaren von Brot und Brötchen über Nudeln und Pizza bis hin zu Kuchen, Muffins, Plätzchen und aufwendigen Torten herstellen. Glutenfreie Mehlmischungen und Fertigprodukte (Brote, Nudeln, Pizzaböden, Kekse usw.) sind in Reformhäusern oder über das Internet erhältlich. Auch im gut sortierten Lebensmittelhandel sind immer mehr glutenfreie Lebensmittel zu haben. Glücklicherweise ist die Auswahl heutzutage ziemlich groß, und es bieten sich einige Alternativen zur gewohnten Nahrung. Außerdem kann es durchaus interessant sein, bislang unbekannte Lebensmittel zu entdecken, die den glutenfreien Speiseplan bereichern: beispielsweise Quinoa, Teff- und Kokosmehl, Canihua, Chiasamen und Guarkernmehl, Glas- oder Reisnudeln, ...

Statt Weizennudeln können Sie Reis, Hirse, Kartoffeln oder Polenta verwenden, aber auch glutenfreie Nudeln kaufen. Sie können generell entweder die glutenfreien Varianten der „normalen" Lebensmittel nutzen und beispielsweise spezielle glutenfreie Schokokekse kaufen oder auf von Natur aus glutenfreie Produkte zurückgreifen und selbst mit dem Kochen und Backen beginnen. Vermutlich werden Sie überrascht sein, dass Sie mit den zunächst ungewohnten Zutaten sehr leckere Gerichte und Backwaren zaubern können, die den glutenhaltigen Speisen in nichts nachstehen.

---

### Glutenfrei und erlaubt:

- **Kartoffeln, Reis, Mais, Hirse, (glutenfreier) Hafer und (nicht kontaminierter) Buchweizen sowie daraus gewonnenes Mehl, Stärke oder Flocken**
- **Viele unbekanntere Mehlsorten wie Amaranth, Quinoa, Jamswurzel, Soja, Kastanie, Kichererbse, Maniok oder Tapioka, Hanf, Teff, Kokos, Lupine, Linse, Kochbanane**
- **Reine Weizenstärke (siehe unten)**
- **Alle Obst- und Gemüsesorten**
- **Alle Hülsenfrüchte**
- **Alle Nüsse, Mandeln, Kastanien, Kerne und Samen (Leinsamen, Sesam, Mohn, Sonnenblumenkerne, Kürbiskerne, Pinienkerne etc.), Chiasamen, Flohsamen, Canihua**
- **Milch und alle naturbelassenen Milchprodukte wie Joghurt, Sahne, Schmand, Quark, Frischkäse, Buttermilch, Kefir, Molke etc. Ausnahme: glutenhaltige Joghurts (z. B. Birchermüsli, Fünfkorn-Joghurt) und einige wenigeKäsesorten (z. B. Bierkäse oder panierter Käse)**
- **Fette und Öle, Margarine**
- **Fleisch, Geflügel, Fisch und deren Produkte (außer bestimmte Wurstsorten wie z. B. Grützwurst und Hackfleischzubereitungen sowie paniertes und oder in Mehl gewendetes Fleisch beziehungsweise Fisch)**
- **Eier und Eierspeisen (ausgenommen Pfannkuchen aus glutenhaltigem Mehl)**
- **Zucker, Marmeladen, Konfitüren und Honig**
- **Kaffee und Tee (ohne Vitamin- und Aromazusätze), Fruchtsäfte, Wasser, Wein, Sekt, Sherry, Portwein, Obstbrände, Grappa, Cognac, Rum, Ouzo, Wodka und Tequila**
- **Essig, Kräuter und reine Gewürze**

---

Neuesten Erkenntnissen zufolge ist Hafer, der nicht durch anderes Getreide verunreinigt ist, glutenfrei und wird von den meisten Zöliakie-Patienten vertragen. Auch bei Buchweizen sollte man sicherheitshalber darauf achten, dass er explizit als glutenfrei gekennzeichnet ist.

Im Handel sind zwei verschiedene Sorten von Weizenstärke erhältlich: Die sogenannte „Prima"-Stärke, die kein Gluten enthält, darf als „glutenfrei" bezeichnet werden und ist somit erlaubt. Normalerweise wird auf der Packung jedoch nicht angegeben, ob es sich um die glutenfreie Prima-Weizenstärke handelt. Im Zweifelsfall sollten Sie deshalb auch Weizenstärke meiden.

## Vorsicht: Gluten!

Dass Weizen, Roggen und Gerste Gluten enthalten und deshalb tabu sind, wissen Sie inzwischen. Die Kunst besteht nun darin zu erkennen, worin das schädliche Klebereiweiß enthalten ist, denn nicht immer ist das so eindeutig wie beim Weizenmischbrot, der Pizza oder dem Teller Spaghetti.

Es gibt eine ganze Reihe von Produkten, in denen man kein Gluten vermuten würde. In verschiedenen industriell produzierten Nahrungsmitteln kann Mehl oder Gluten als Überzug beziehungsweise Bindemittel enthalten sein (sogenannte Zusatzstoffe). Die Nahrungsmittelgesetzgebung verlangt, dass solche Zusätze auf der Verpackung klar gekennzeichnet werden. Es ist also wichtig, die Zutatenlisten aufmerksam zu studieren.

---

## Glutenhaltig und verboten:

- **Alle Weizensorten (auch Dinkel, Grünkern, Einkorn, Kamut, Emmer etc.), Roggen und Gerste sowie Mehl aus diesen Getreidesorten; Hafer, der nicht als glutenfrei gekennzeichnet ist**
- **Alle aus Weizen, Roggen und Gerste hergestellten Backwaren wie Brot, Brötchen, Croissants, Zwieback, Waffeln, Kuchen, Torten, Plätzchen, Kekse und anderes Gebäck, Nudeln und Teigwaren aller Art, Spätzle und mehlhaltige Suppeneinlagen, Knödel und Gnocchi**
- **Nahrungsmittel, die aus Gerste hergestellt werden, wie Malz und malzhaltige Getränke (auch Bier und Kaffeeersatz)**
- **Grieß und Flocken, Schrot und Kleie, Fertigmüsli, Paniermehl, Bulgur und Couscous, sofern sie aus Weizen, Roggen oder Gerste hergestellt sind**
- **Alle Speisen und Produkte, die Mehl aus den oben erwähnten Getreidesorten enthalten, wie Pfannkuchen, Pizza, Aufläufe, Soßen, Schokoriegel und sonstige Süßwaren, Fertigprodukte etc.**

---

## Eventuell glutenhaltig – unbedingt prüfen!

- Fleisch-, Fisch-, Gemüse- und Fruchtkonserven
- Fertiggerichte
- Tütensuppen und gekörnte Brühe
- Gewürzmischungen
- Süßigkeiten (z. B. Schokoriegel, Lakritze, Fruchtgummi, Eis)
- Knabbereien (z. B. Chips oder pikant gewürzte Nüsse)
- Cornflakes
- Puddingpulver
- Backpulver und Sahnesteif
- Sojasoße und andere Würzsoßen
- Fleischersatzprodukte (z. B. Räuchertofu)
- Aufstriche
- Medikamente

## *Kurz und gut*

- Gluten ist in allen Weizensorten (also auch in Dinkel) sowie in Roggen und Gerste enthalten. Durch Kontamination ist auch Hafer meist nicht glutenfrei. Diese Getreidesorten sind folglich für Zöliakie-Patienten schädlich – selbst in kleinen Mengen und auch, wenn man sie nur selten zu sich nimmt. Auf Speisen und Getränke, die Gluten in jeder Form und Menge enthalten, müssen Sie deshalb unbedingt verzichten.
- Es gibt sehr viele von Natur aus glutenfreie Lebensmittel, sodass es nicht schwerfällt, die Ernährung abwechslungsreich und ausgewogen zu gestalten. Um Beschwerden und Mangelerscheinungen zu vermeiden, sollten Sie auf Ballaststoffe und eine ausreichende Vitamin- und Mineralstoffzufuhr achten.
- Die glutenfreie Ernährung muss lebenslang konsequent eingehalten werden, um Rückfälle und Komplikationen zu vermeiden.
- Lesen Sie unbedingt die Zutatenlisten der Lebensmittel, die Sie kaufen möchten, um auch verstecktes Gluten erkennen zu können.

## Der glutenfreie Alltag

Nun wissen Sie, wie Sie Ihre Ernährung auf eine glutenfreie Diät umstellen können und worauf Sie bei der Lebensmittelauswahl achten müssen. Doch was müssen Sie bedenken, wenn Sie mit glutenfreien Zutaten kochen und backen? Wie gelingt die Umstellung besonders leicht? Was erwartet Sie im Restaurant? Wie gehen Sie mit Einladungen zum Essen um? Und was machen Sie im Urlaub?

Zugegeben: Dass Sie sich glutenfrei ernähren müssen, schränkt die Lebensqualität ein. Aber es ist nun einmal nicht zu ändern – versuchen Sie also, es positiv zu sehen. Freuen Sie sich darüber, dass Sie neue Lebensmittel entdecken, dass Ihre Koch- und Backexperimente gelingen und dass Ihre Freunde extra für Sie einen glutenfreien Kuchen backen. Lassen Sie sich nicht entmutigen: Sie werden recht bald eine Routine entwickeln und hilfreiche Erfahrungen sammeln. Je besser Sie selbst Bescheid wissen, desto eher können Sie Diätfehler vermeiden. Studieren Sie also Zutatenlisten, sprechen Sie offen über Ihre glutenfreien Bedürfnisse, entwickeln Sie Freude am Experimentieren in der Küche und lernen Sie, auf Ihren Körper zu achten.

Ihre eigene Einstellung ist wichtig: Stellen Sie deshalb nicht den Verzicht in den Vordergrund, sondern die Vielfalt und den Genuss! Es gibt eine Menge Lebensmittel, die von Natur aus glutenfrei sind, und zahlreiche Ihrer ehemaligen Lieblingsspeisen können Sie auch glutenfrei herstellen oder kaufen. Erweitern Sie Ihre Einkaufsmöglichkeiten auch durch Reformhäuser, Bioläden und das Internet. Gehen Sie beispielsweise mal im Asialaden stöbern: Da gibt es viele bei uns eher unbekannte, glutenfreie Waren – z. B. Reisnudeln, Glasnudeln, Reisteigblätter, Papadam aus Linsenmehl und vieles mehr. Und wenn Sie sich mal nicht sicher sind, ob ein Produkt glutenfrei ist – lieber verzichten!

### Leben im „kontaminierten" Haushalt

Falls es in Ihrem Haushalt auch glutenhaltige Produkte gibt, sollten Sie auf besondere Sauberkeit achten. Glutenhaltige Lebensmittel müssen gut verpackt und kenntlich gemacht sein, damit es zu keinen Verwechslungen kommt. Achten Sie darauf, Brösel immer gleich wegzuwischen. Alle Küchenutensilien, die auch mit glutenhaltigen Dingen in Kontakt kommen, müssen stets gut abgespült werden, bevor Sie sie für glutenfreie Lebensmittel verwenden (z. B. Brotmesser, Schneidbrett, Kochlöffel, Tortenschaufel oder Nudelsieb).

Auch kleinste Verunreinigungen sind zu vermeiden. Reichen Sie also einen Brotkorb mit glutenhaltigem Brot nicht über glutenfreie Speisen hinweg weiter, und verwenden Sie Löffel, um sich Marmelade, Dips, Quark oder Frischkäse zu nehmen; dadurch gelangen keine glutenhaltigen Krümel hinein.

Viele glutenfreie Brotsorten schmecken leckerer, wenn man sie toastet. Besorgen Sie sich zu diesem Zweck sogenannte Toastabags: Mithilfe dieser Hüllen können Sie auch einen „kontaminierten" Toaster verwenden.

### Zu Hause glutenfrei essen

Generell gibt es heutzutage ein reichhaltiges Angebot an glutenfreien Produkten. Mit etwas Fantasie und durch eigene Koch- und Backkreationen können Sie die Palette ganz wunderbar erweitern.

Mixen Sie sich z. B. Ihr Müsli selbst – aus glutenfreien Haferflocken, diversen Trockenfrüchten, Rosinen, Sonnenblumenkernen, Sesam, Kürbiskernen, Leinsamen, Kokos- und Bananenchips.

Bier ist wirklich glutenhaltig! Aber es sind inzwischen auch verschiedene glutenfreie Sorten erhältlich. Fragen tauchen immer wieder beim Thema Schnaps auf. Durch die Destillation enthält ein „Korn" beispielsweise kein Gluten mehr. Allerdings kann es zu Verunreinigungen kommen, und möglicherweise wird nach der Destillation etwas Glutenhaltiges zugesetzt – wie z. B. beim Malzwhisky.

Im Kapitel „Die praktische Umsetzung – glutenfrei kochen und backen" finden Sie zahlreiche weitere Informationen und Hinweise, die Ihnen das Kochen und Backen erleichtern.

## Auswärts glutenfrei essen

Um das Risiko eines Diätfehlers zu minimieren, ist für Zöliakie-Patienten beim Essen und Trinken stets größte Vorsicht geboten. Wenn Sie sich selbst versorgen, können Sie das besser steuern, als wenn Sie unterwegs sind. Auch wenn es Ihnen schwerfällt und Sie nicht gerne im Mittelpunkt stehen: Gehen Sie offen mit Ihrer Krankheit um, studieren Sie Zutatenlisten, erklären Sie Freunden und Kellnern genau, worauf es ankommt, und fragen Sie nach!

Wie beim Einkaufen kommt es auch im Restaurant auf eine kritische, bewusste Auswahl von garantiert glutenfreien Gerichten an: Alle Speisen, in denen Mehl oder Gluten enthalten sein könnten, müssen selbstverständlich gemieden werden. Dazu gehören insbesondere Soßen, panierte Produkte, Suppen, Süßspeisen, Gebäck und natürlich Nudeln sowie alle Pizzavarianten. Überwinden Sie Ihre Scheu: Fragen Sie im Restaurant generell nach, ob in dem von Ihnen gewählten Gericht Gluten enthalten ist; aus der Speisekarte allein lässt sich das meistens nicht erschließen. Oft ist es kein Problem, das von Ihnen ausgesuchte Gericht gegebenenfalls so abzuwandeln, dass es glutenfrei ist.

Wenn Sie eingeladen sind, sollten Sie die Gastgeber unbedingt darauf hinweisen, dass Sie sich glutenfrei ernähren müssen. Besprechen Sie gegebenenfalls im Vorfeld die geplanten Speisen und weisen Sie auf mögliche Fehlerquellen im Rezept oder bei der Zubereitung hin. Fragen Sie freundlich nach, was Sie essen können. Natürlich können Sie nicht erwarten, dass alles glutenfrei hergestellt wird, aber zumindest ein Teil des angebotenen Essens sollte auch für Sie geeignet sein. Im Zweifelsfall können Sie anbieten, selbst etwas zum Büffet beizusteuern – dann sind Sie sicher, dass es etwas garantiert Glutenfreies gibt, und Ihr Gastgeber hat weniger Arbeit.

Wenn Sie verreisen, ist es je nach Urlaubsziel ratsam, eine Notration an glutenfreien Lebensmitteln (Brot, Nudeln, Gebäck) mitzunehmen. Im Inland kennen Sie die Bezugsquellen für glutenfreie Produkte, doch bei Auslandsreisen ist es sinnvoll, sich vorab zu informieren, wo glutenfreie Lebensmittel erhältlich sind. Und: Was in Deutschland glutenfrei ist, muss es im Ausland nicht zwangsläufig auch sein! Um im Zweifelsfall Zutatenlisten lesen zu können, bietet es sich an, vorab das entsprechende Vokabular in der Landessprache zusammenzustellen und auf die Reise mitzunehmen.

Die Deutsche Zöliakie-Gesellschaft bietet auf ihrer Internetseite neben Informationen zu verschiedenen Reiseländern auch die sogenannte „Bitte an den Koch“ in zahlreichen Sprachen an. Sollten Sie die Landessprache nicht ausreichend beherrschen, können Sie diesen Text ausdrucken und dem Kellner vorlegen. Das kann sehr hilfreich sein! Auf Deutsch lautet der Text folgendermaßen: „Ich habe Zöliakie und muss eine strikte glutenfreie Ernährung einhalten. Deshalb darf ich keine Speisen zu mir nehmen, die auch nur kleinste Mengen / Spuren von Weizen, Roggen, Gerste, Hafer, Dinkel und Grünkern beziehungsweise daraus hergestellte Produkte wie z. B. Semmelbrösel, Backerbsen usw. enthalten. Können Sie mir aus Ihrer Speisekarte für mich geeignete Gerichte nennen oder mein Gericht glutenfrei zubereiten (z. B. durch Weglassen mehlhaltiger Soßen oder unpanierte, unmehlierte Zubereitung)? Bitte verwenden Sie für die Zubereitung saubere, gereinigte Töpfe sowie Geschirr und vermeiden Sie jegliche Kontamination. Sie können ersatzweise für mich geeignete Getreidesorten/-stärke wie Mais, Reis, Hirse, Kartoffelstärke oder auch Buchweizen verwenden. Vielen Dank für Ihre Bemühungen!“

## Die Zöliakie-Gesellschaften

Die Zöliakie-Gesellschaften sind als Selbsthilfeorganisationen entstanden und haben mit der Zeit einen sehr großen Mitgliederstamm aufgebaut. Sie erteilen direkt und durch ihre regelmäßigen Publikationen Auskunft über Zöliakie und glutenfreie Ernährung. So erhält man Informationen über neue wissenschaftliche Erkenntnisse, Rezensionen zu relevanten Rezeptbüchern, Veranstaltungshinweise, Kontaktdaten regionaler Gesprächsgruppen sowie Adressen von Restaurants und Hotels im In- und Ausland mit glutenfreiem Speisenangebot. Außerdem stehen detaillierte und stets aktualisierte Aufstellungen von glutenfreien Nahrungsmitteln und Medikamenten zur Verfügung. (Laktosefreie Produkte sind speziell gekennzeichnet.) Insgesamt bieten diese Gesellschaften eine Fülle wertvoller Auskünfte, die das Leben mit einer glutenfreien Ernährung erheblich vereinfachen. Es ist also ratsam, Mitglied der nationalen Zöliakie-Gesellschaft zu werden.

Die Adressen der deutschsprachigen Gesellschaften:

**Deutschland**
DZG Deutsche Zöliakie-Gesellschaft e. V.
Kupferstraße 36, D-70565 Stuttgart
Tel. 0711 459981-0, Fax 0711 459981-50
E-Mail: info@dzg-online.de
www.dzg-online.de

**Österreich**
Österreichische Arbeitsgemeinschaft Zöliakie
Anton-Baumgartner-Straße 44/C5/2302, A-1230 Wien
E-Mail: office@zoeliakie.or.at
www.zoeliakie.or.at

**Schweiz**
Schweizerische Interessengemeinschaft für Zöliakie
Güterstrasse 141, CH-4053 Basel
E-Mail: sekretariat@zoeliakie.ch
www.zoeliakie.ch

## Die praktische Umsetzung – glutenfrei kochen und backen

Nun geht es um die praktische Anwendung, das Ausprobieren, Kochen, Backen und Genießen. Wenn Sie mit glutenfreien Küchenaktivitäten beginnen, wird immer wieder die Notwendigkeit auftreten, einen Ersatz für bestimmte glutenhaltige Produkte zu finden, die Sie früher verwendet haben. Doch mit der Zeit entwickeln Sie eine Routine und binden Ihre Soßen beispielsweise automatisch mit Kartoffelstärke statt mit Weizenmehl oder verwenden glutenfreie Cornflakes beziehungsweise Haferflocken statt eines altbackenen Brötchens, wenn Sie Frikadellen herstellen.

Glutenfreie Zutaten haben häufig andere Eigenschaften als glutenhaltige. Deshalb erfordert der Umgang mit ihnen ein wenig Übung und Erfahrung. Aber mit ein paar bewährten Tricks wird es Ihnen sicher bald gelingen, köstliche glutenfreie Speisen zu zaubern. Und lassen Sie sich nicht entmutigen, wenn doch einmal etwas misslingt – das kann jedem passieren.

### Glutenfreies Mehl

Gluten sorgt für gute Backeigenschaften wie Zusammenhalt, Lockerung, Konsistenz und Geschmeidigkeit des Teigs. Da Sie ohne Gluten auskommen müssen, bietet es sich an, die Vorteile verschiedener glutenfreier Alternativen zu kombinieren, um ein Ergebnis zu erzielen, das dem „glutenhaltigen Original" möglichst in nichts nachsteht. Es gibt fertige glutenfreie Mehlmischungen, Sie können aber auch Ihren eigenen Mix aus sortenreinen glutenfreien Mehlen nach Belieben zusammenstellen. Je mehr Mehlsorten Sie mischen, desto geringer ist die Gefahr, dass eine besonders vorschmeckt. Experimentieren Sie mit den unterschiedlichen Mehl- und Stärkesorten, aber auch mit einem Zusatz von Bindemitteln, die für bessere Backeigenschaften sorgen. Andererseits spricht auch nichts dagegen, im Handel erhältliche glutenfreie Fertigmehlmischungen zu verwenden, wenn Sie keine Zeit oder Lust zum Ausprobieren haben.

In der Tabelle auf der folgenden Seite finden Sie die gängigen, aber auch weniger bekannte glutenfreie Mehlen sowie deren besondere Eigenschaften. Die verschiedenen Mehlsorten sind nach Relevanz sortiert.

Außerdem können Sie – je nach Backware – auch einen Teil des benötigten glutenfreien Mehls durch gemahlene Mandeln, Haselnüsse, Sonnenblumenkerne oder Leinsamen ersetzen.

| | |
|---|---|
| Reis | Milder Geschmack. Neutrales Allzweckmehl. Lässt Backwaren tendenziell ein wenig trocken werden. Gute Backeigenschaften. Am besten in Vollkornqualität verwenden. |
| Kichererbse | Leicht nussiger, aromatischer und recht intensiver Geschmack. Vielseitig verwendbar. |
| Kartoffelstärke | Neutral, vielseitig verwendbar. Bindet Flüssigkeit. |
| Mais | Gelbes Maismehl: sehr intensiver Geschmack, süßlich. Lässt Backwaren eher weich werden. Sofern möglich, weißes Maismehl verwenden, das weniger intensiv schmeckt und bessere Backeigenschaften hat. |
| Teff | Nussig, intensiv, aromatisch, süßlich. Gute Backeigenschaften. |
| Hirse | Aromatisch, süßlich, pulverig. Braucht viel Flüssigkeit. |
| Glutenfreier Buchweizen | Kräftig, nussig, herb. |
| Glutenfreie Weizenstärke | Neutral, vielseitig verwendbar. |
| Glutenfreier Hafer | Nussig, bitter. In kleinen Mengen beimischen. |
| Soja | Nussig, intensiver Geschmack. Verdickungsmittel. In kleinen Mengen beimischen. Wird schnell ranzig. |
| Quinoa | Leicht nussig, leicht bitter. Trägt zu einer guten Textur des Teigs bei. |
| Amaranth | Nussig, intensiv. In kleinen Mengen beimischen. |
| Kastanie | Aromatisch, intensiv, süßlich, leicht bitter. |
| Kokos | Süßlich, aromatisch. Saugt viel Flüssigkeit auf, Bindemittel. |
| Lupine | Intensiv, süßlich. Eiweißreich. Gute Backeigenschaften. In kleinen Mengen beimischen. |
| Jamswurzel, Yamswurzel | Klebereigenschaften, Verdickungsmittel, sehr stärkehaltig. Verleiht gute Konsistenz. In kleinen Mengen beimischen. |
| Maniok, Tapioka | Sehr fein, süßlich, macht Teig geschmeidig. Bindemittel. In kleinen Mengen beimischen. |
| Hanf | Nussig, intensiv. In kleinen Mengen beimischen. |
| Linse | Macht Teig geschmeidig. Intensiver Nachgeschmack. In kleinen Mengen beimischen. |
| Klebreis | Neutral. Sehr stärkehaltig, Verdickungsmittel. |
| Sorghum, Milo | Leicht nussig, leicht süß, recht neutral. |
| Canihua | Nussig, schokoladig, intensiv, rustikal. In kleinen Mengen beimischen. |
| Kochbanane | Nussig, mild. Stärkehaltig. Bindemittel. Saugt viel Flüssigkeit auf. |

## Zusätze für glutenfreies Mehl

Glutenfreie Backwaren müssen weder knüppelhart noch bröselig werden. Als Bindemittel und zur Verbesserung der Backeigenschaften bieten sich die folgenden Produkte an:

- Chiasamen
- Flohsamen
- Guarkernmehl
- Pfeilwurzelmehl
- Johannisbrotkernmehl
- Xanthan

Es lohnt sich, einige dieser „kleinen Helferlein" anzuschaffen, da sie die Konsistenz des glutenfreien Gebäcks deutlich verbessern können. Die Bindemittel Guarkern-, Johannisbrotkern- und Pfeilwurzelmehl oder Xanthan mischen Sie in kleinen Mengen unter das Mehl. Chia- und Flohsamen können Sie mit etwas Wasser anrühren und 10 Minuten quellen lassen, bevor Sie das auf diese Weise entstandene Gel zum Teig geben. Alternativ verwenden Sie Chia- und Flohsamen gemahlen; dann setzen Sie diese dem glutenfreien Teig in geringen Mengen zu.

**Mein Vorschlag für eine „glutenfreie Allzweckmehlmischung": 100 g Reismehl, 100 g Kichererbsenmehl, 50 g Kartoffelstärke und als Bindemittel 1 TL Guarkernmehl.**

## Brot backen

Wenn Sie Ihr Brot gern selbst backen, lohnt sich die Anschaffung eines Brotbackautomaten, der Ihnen eine Menge Arbeit abnimmt. Sie können Ihr Brot aber auch ohne ein solches Gerät auf dem Blech, in einer Kastenform oder im Römertopf backen. Damit Brotteig nicht krümelig wird, ist die Verwendung von Floh- oder Chiasamen, glutenfreiem Trockensauerteig und/oder Guarkernmehl besonders empfehlenswert. Wenn Sie durchgepresste Kartoffeln oder geriebene Zucchini unter den Teig mischen, wird Ihr Brot schön saftig. Eine besonders knusprige Kruste erhält das Brot, wenn Sie eine feuerfeste Schale mit Wasser unten in den Backofen stellen.

Ihr frisch gebackenes glutenfreies Brot sollten Sie erst nach dem Auskühlen anschneiden. Am besten frieren Sie einige Scheiben ein, damit Sie immer etwas vorrätig haben. Da glutenfreies Brot oft ziemlich schnell austrocknet, sollte es relativ schnell verbraucht und möglichst im Kühlschrank aufbewahrt werden.

## Besonderheiten glutenfreier Teige

In der Regel sollte glutenfreier Teig etwas weicher sein als glutenhaltiger, da er noch quillt oder nachtrocknet. Wenn Sie Ihre alten Lieblingsrezepte glutenfrei umarbeiten wollen, ist es deshalb häufig nötig, ein zusätzliches Ei oder etwas mehr Flüssigkeit beziehungsweise etwas weniger glutenfreies Mehl zu verwenden.

Da glutenfreier Hefeteig schwerer ist als glutenhaltiger, stellen Sie ihn am besten mit Trockenhefe her und kneten ihn nur kurz. Wenn Sie 1 EL Obstessig unter den Hefeteig rühren, wird er lockerer. Lassen Sie ihn nur einmal direkt vor dem Backen aufgehen. Dafür heizen Sie den Backofen auf 50 °C vor, schalten ihn dann aus und stellen die mit einem (feuchten) Tuch bedeckte Schüssel mit dem Teig hinein.

Glutenfreier Hefeteig braucht außerdem länger zum Aufgehen: Planen Sie also am besten mindestens 1 Stunde ein.

Glutenfreier Mürbteig ist oft ziemlich krümelig. Wenn Sie ein Ei unterkneten, wird er weniger bröselig. Auch Flohsamen und Chiasamen sowie ein wenig Guarkernmehl, Johannisbrotkernmehl oder Xanthan machen den Teig geschmeidiger.

Glutenfreier Rührteig ist ziemlich unproblematisch: Sie brauchen lediglich evtl. ein wenig mehr Flüssigkeit.

## Allgemeines zu den Rezepten in diesem Buch

Sicher fallen Ihnen spontan zahlreiche Gerichte ein, die Sie nach wie vor problemlos zubereiten können, weil sie sowieso kein Gluten enthalten: viele Salate, Suppen und Eintöpfe, Aufläufe, Pfannen- und Reisgerichte beispielsweise. Solche Rezepte finden Sie in diesem Buch nur sehr vereinzelt, da ihre Zubereitung keine Umstellung der Koch- und Backgewohnheiten erfordert. Auch auf Ihr Lieblingsnudelgericht müssen Sie natürlich nicht verzichten, wenn Sie statt der glutenhaltigen Pasta glutenfreie Nudeln verwenden (und die Soße glutenfrei ist). Mein Anliegen ist es in erster Linie, Ihnen leckere Alternativen zu Gerichten anzubieten, die normalerweise glutenhaltig sind. Besondere Aufmerksamkeit liegt deshalb auf dem Backen.

Sämtliche Rezepte dieses Buches sind erprobt und alltagstauglich, also nicht nur für ambitionierte Hobbyköche und -bäcker, sondern auch für unerfahrene Back- und Kochnovizen geeignet. Ich selbst bin weder Profiköchin noch ausgebildete Bäckerin oder Konditorin. Im Gegensatz zu anderen Rezeptbüchern zeigen die Fotos in diesem Buch übrigens tatsächlich die Speisen, die ich in meiner eigenen Küche zubereitet und anschließend selbst fotografiert habe. Für die Fotos wurde außerdem nichts von Foodstylisten mit Haarspray oder Farbe bearbeitet, damit es appetitlicher wirkt: Ich habe alles unverändert genauso fotografiert, wie es tatsächlich aussah. Der langen Rede kurzer Sinn: Wie Sie sehen, ist es machbar – auch für Sie!

### Austausch von Zutaten

Es kann vorkommen, dass Sie nicht alle angegebenen Zutaten vorrätig haben oder eine glutenfreie Mehlsorte durch eine andere ersetzen wollen. Probieren Sie es einfach aus! Allerdings ist es möglich, dass sich dadurch die Backeigenschaften, die Konsistenz oder der Geschmack ändern. Dasselbe gilt für glutenfreie Mehlmischungen, die meistens problemlos untereinander ausgetauscht werden können, sich aber aus unterschiedlichen Zutaten zusammensetzen und nicht immer alle für jeden Zweck gleich gut geeignet sind.

Wenn in einem Backrezept eine kleine Menge gemahlener Chiasamen oder Guarkernmehl angegeben ist, können Sie alternativ auch gemahlene Flohsamen, Johannisbrotkernmehl oder Xanthan verwenden. Notfalls können Sie diese Zutaten auch ganz weglassen, wenn Sie sie nicht zur Hand haben. Dann müssen Sie allerdings damit rechnen, dass der Teig weniger geschmeidig und das Endprodukt krümeliger wird.

Falls Sie in meinen Rezepten Buchweizenmehl vermissen: Ich habe leider eine Allergie gegen Buchweizenmehl und verwende es deshalb nicht. Das sollte Sie aber nicht davon abhalten, mit diesem Mehl zu experimentieren.

Meistens ist es für den Geschmack nicht entscheidend, ob Sie Margarine oder Butter verwenden. Palmölfreie Bio-Margarine hat (gemessen an der $CO_2$-Emission) einen deutlich positiveren ökologischen Fußabdruck als Butter. Da sie außerdem laktosefrei ist, verwende ich sie lieber als Butter. Aber selbstverständlich können Sie sie in allen Rezepten durch Butter ersetzen.

Ähnliches gilt für die anderen Milchprodukte: Wenn Sie wie ich unter Laktoseintoleranz leiden, können Sie Sahne, Quark, Frischkäse, Milch und Ähnliches immer durch die jeweiligen laktosefreien Versionen ersetzen, falls Sie diese vertragen, oder milchfreie Ersatzprodukte verwenden.

Statt Vanillezucker nehme ich gerne das ausgekratzte Mark von Vanilleschoten. Aber Sie können auch Bourbon-Vanillezucker, herkömmlichen Vanillinzucker oder Vanilleextrakt wählen.

## Weitere Hinweise zu den Rezepten

Vielleicht überrascht Sie bei meinen Rezepten die geringe Zuckermenge: Ich mag es nicht, wenn Backwaren sehr süß sind. Deshalb verwende ich in der Regel mindestens ein Viertel weniger Zucker als in herkömmlichen Rezepten angegeben ist. Falls Sie es süßer mögen, können Sie natürlich die Zuckermenge entsprechend erhöhen.

Sofern nicht anders angegeben, backe ich mit Heißluft und auf mittlerer Schiene. Allerdings bäckt jeder Backofen unterschiedlich, sodass Sie evtl. die Backzeiten und Temperaturen ein wenig an Ihre Gegebenheiten anpassen müssen.

Und noch ein Tipp: Lesen Sie sich das Rezept vor dem Kochen oder Backen einmal ganz durch. Sonst fällt Ihnen vielleicht zu spät auf, dass der Teig eigentlich zwischendurch 1 Stunde ruhen oder das Fleisch vorab mariniert werden sollte.

## Die Ausrufezeichen

!

Achten Sie bitte stets darauf, dass alle Zutaten, die Sie verwenden, wirklich glutenfrei sind. So ist beispielsweise bei Backpulver, Sahnesteif, Sojasoße und Gewürzmischungen besondere Vorsicht geboten. Solche „üblichen Verdächtigen“ unter den Zutaten sind mit einem (!) gekennzeichnet.

## Die Kochmützen

Bei allen Rezepten sind ein bis drei Kochmützen abgebildet. Eine einzelne Kochmütze bedeutet, dass das Rezept einfach und auch für Anfänger unproblematisch ist beziehungsweise nicht viel Zeit erfordert. Zwei Kochmützen stehen für ein etwas aufwendigeres Rezept, und drei Kochmützen bedeuten, dass Übung und/oder viel Zeit nötig ist.

## Allergenkennzeichnung und Ersatzmöglichkeiten

Natürlich sind sämtliche Rezepte in diesem Buch glutenfrei. Auf eine Kennzeichnung jedes einzelnen Rezepts als „glutenfrei“ habe ich der Übersichtlichkeit halber verzichtet. Darüber hinaus ist bei jedem einzelnen Rezept angegeben, ob es Laktose, Milch, Nüsse oder Eier enthält sowie ob es vegetarisch oder vegan ist.

laktose-frei

- Laktosefrei: Es ist kein Milchzucker enthalten. Hartkäse ist in der Regel laktosefrei, sodass Rezepte, bei denen Hartkäse, aber kein anderes Milchprodukt verwendet wird, als laktosefrei gekennzeichnet sind. Selbstverständlich können fast alle Rezepte durch Verwendung laktosefreier Milchprodukte oder alternativer Lebensmittel auch laktosefrei hergestellt werden. Kaufen Sie dazu die laktosefreien Varianten, denen das Enzym Laktase zugesetzt ist, oder alternativ ganz milchfreie Ersatzprodukte wie Sojajoghurt, Seidentofu, Bitterschokolade oder Mandelmilch.

milch-frei

- Milchfrei: Es sind keinerlei Milchprodukte enthalten. Auch hier gilt, dass Milchprodukte im Zweifelsfall meist durch milchfreie Ersatzprodukte ausgetauscht werden können.

nuss-frei

- Nussfrei: Das Rezept enthält keine der aus allergologischer Sicht kennzeichnungspflichtigen Nüsse – also weder Haselnüsse noch Mandeln, Walnüsse, Paranüsse, Macadamianüsse, Pekannüsse, Cashewkerne oder Pistazien. Kokos wird von Nussallergikern meist vertragen und kann gelegentlich allergene Nüsse ersetzen. Auch Erdmandeln, Sonnenblumen-, Pinien- oder Kürbiskerne können unter Umständen als Ersatz dienen. Meist reagieren Nussallergiker nicht auf alle allergenen Nüsse: Wer also beispielsweise Mandeln verträgt, aber keine Haselnüsse, kann im Zweifelsfall die Haselnüsse durch Mandeln ersetzen.

eifrei

- Eifrei: Alle Rezepte ohne Eier – klar. Unter Umständen kann man statt Eiern pflanzlichen Ei-Ersatz verwenden, den es fertig zu kaufen gibt. Bei Backwaren können einzelne Eier auch durch gemahlene Chia-, Floh- oder Leinsamen ersetzt werden, die Sie zuvor in Wasser aufquellen lassen, sodass ein zähflüssiges Gel entsteht.

vege-tarisch

- Vegetarisch: Das Rezept enthält weder Fleisch noch Fisch. Auch Gelatine, Schmalz, Hühnerbrühe und Ähnliches wird nicht verwendet.

vegan

- Vegan: Rezepte, die komplett ohne tierische Erzeugnisse auskommen, also auch ohne Eier, Milchprodukte oder Honig. Viele Rezepte können Sie mithilfe von Ersatzprodukten auch vegan abwandeln, indem Sie beispielsweise Sojasahne, Kokos-, Mandel- oder Reismilch, pflanzlichen Ei-Ersatz oder statt Honig Ahornsirup beziehungsweise Agavendicksaft verwenden.

Auf den Seiten 234 bis 236 finden Sie eine Tabelle, in der übersichtlich alle alphabetisch sortierten Rezepte mit den zugehörigen Allergenangaben zusammengestellt sind. Außerdem ist in dieser Tabelle vermerkt, welche Rezepte vegetarisch beziehungsweise vegan sind.

# Teil 2:

# GLUTENFREIE REZEPTE

# Vorspeisen und kleine Gerichte

# Karotten-Ingwer-Suppe



*Diese Suppenkreation schmeckt vollmundig, ist sättigend und leicht zugleich. Durch den Ingwer sorgt sie für eine wohlige Wärme, während die Avocado ihre gesunden Fette beisteuert.*

## Zutaten

**1 Zwiebel**
**10–15 g Ingwer**
**500 g Karotten**
**1 Zitrone**
**1 TL Koriandersamen**
**Öl zum Anbraten**
**1 gestr. TL Zucker**
**Salz**
**Pfeffer**
**750 ml Gemüsebrühe (!)**
**100 ml Schmand oder (Soja-)Sahne**

***Zum Dekorieren***
**1 Avocado**
**1 Bund Koriander oder Petersilie**

## Zubereitung

1. Zwiebel und Ingwer schälen und fein hacken. Karotten in Stücke schneiden. Die Schale der Zitrone abreiben und den Saft auspressen. Die Koriandersamen zerstoßen.
2. Zwiebel und Ingwer in Öl anbraten. Karottenstücke kurz mit anbraten und mit Zucker bestreuen. Gewürze hinzufügen, 2 Minuten braten. Dann mit Gemüsebrühe ablöschen. 20 Minuten köcheln lassen.
3. Währenddessen das Fruchtfleisch der Avocado fein würfeln. Koriander oder Petersilie hacken.
4. Die Suppe mit Zitronensaft und Gewürzen abschmecken. Pürieren und (Soja-)Sahne oder Schmand unterrühren.
5. Avocadowürfel und Kräuter separat zum Bestreuen der heißen Suppe reichen.

## Extra-Tipp:

- Sie können die Suppe auch mit geriebenem Parmesan bestreuen.

# Zucchinicremesuppe



*Bei dieser cremigen Suppe können Sie den Schärfegrad nach Belieben anpassen, indem Sie mehr oder weniger Curry, Pfeffer und Ingwer verwenden. Sie ist einfach zuzubereiten, schmeckt aber raffiniert.*

## Zutaten

**1 Zwiebel**
**1 haselnussgroßes Stück Ingwer**
**3 EL Rapsöl**
**800 g Zucchini**
**2 TL Currypulver (!)**
**Pfeffer**
**Salz**
**1 l Gemüsebrühe (!)**
**200 ml Kokosmilch**
**5 Tropfen Trüffelöl**

## Zubereitung

1. Zwiebel und Ingwer schälen, fein würfeln und im Rapsöl anbraten.
2. Zucchini grob würfeln, zur Zwiebel-Ingwer-Mischung hinzufügen und mit anbraten.
3. Die Gewürze, Gemüsebrühe und Kokosmilch hinzufügen und köcheln, bis die Zucchini weich sind.
4. Die Suppe mit dem Stabmixer pürieren, mit Trüffelöl abschmecken und gegebenenfalls nachwürzen.

## Extra-Tipp:

- Besonders lecker schmeckt diese Suppe, wenn Sie frisch geriebenen Parmesan oder geröstete Sonnenblumenkerne darüberstreuen.

# Mini-Quiches

*Ob groß oder klein: Quiches sind sehr vielseitig und können ganz nach Geschmack gefüllt werden. Diese Mini-Variante ist eine leckere Kombination aus krossem Mürbteig und saftigem Belag. Wenn Sie einen großen Salat dazu reichen, dienen diese kleinen Törtchen auch als Hauptgericht.*

## Zutaten

***Für den Teig***

**110 g glutenfreie Mehlmischung**
**½ TL gemahlene Chiasamen**
**50 g Margarine**
**¼ TL Salz**
**2 EL Wasser**

***Für den Belag***

**60 g Schafskäse**
**50 g getrocknete Tomaten in Öl (abgetropft)**
**einige Basilikumblättchen**
**100 ml (Soja-)Sahne**
**2 Eier**
**Pfeffer**
**Salz**

## Zubereitung

1. Aus den Teigzutaten einen glatten Mürbteig kneten und 1 Stunde kalt stellen.
2. Den Backofen auf 180 °C vorheizen. 4 Tartelettförmchen einfetten.
3. Den Schafskäse in kleine Würfel schneiden. Die getrockneten Tomaten und die Basilikumblätter hacken.
4. Schafskäse und getrocknete Tomaten auf die Förmchen verteilen.
5. Die (Soja-)Sahne mit den Eiern und Gewürzen verquirlen. Diese Mischung in die Förmchen gießen.
6. 15 bis 20 Minuten backen.

Ergibt: 4 Portionen als Vorspeise,
2 Portionen als Hauptgericht

nuss-frei eifrei vege-tarisch

# Pizza-Muffins

*Muffins müssen nicht immer süß sein – es gibt auch herzhafte Varianten. Diese Pizza-Muffins sind saftig, innen weich und haben eine knusprige Käsekruste.*

## Zutaten

**50 g Paprikasalami**
**125 g Mozzarella**
**1 Paprikaschote**
**½ Zwiebel**
**1 Knoblauchzehe**
**1 Ei**
**50 ml (40 g) Olivenöl**
**100 g passierte Tomaten**
**160 g (Soja-)Joghurt**
**40 ml Wasser**
**70 g Teffmehl**
**100 g Reismehl**
**50 g Kichererbsenmehl**
**50 g Kartoffelstärke**
**1 ½ TL Guarkernmehl**
**½ P. Backpulver (!)**
**½ TL Natron**
**Salz**
**Pfeffer**
**1 TL Thymian**
**100 g rohe Schinkenwürfel (!)**
**40 g geriebener Parmesan**

***Zum Bestreuen***
**70 g geriebener Bergkäse**

## Zubereitung

1. Salami und Mozzarella würfeln. Paprikaschote putzen und würfeln. Zwiebeln und Knoblauch schälen und fein hacken.
2. Den Backofen auf 160 °C vorheizen. Die Mulden eines Muffinblechs einfetten.
3. Ei, Olivenöl, passierte Tomaten, (Soja-)Joghurt und Wasser verquirlen. In einer separaten Schüssel die trockenen Zutaten und Gewürze mischen, dann zur Joghurtmischung hinzufügen und verrühren. Schinken, Parmesan, Salami, Mozzarella, Paprikawürfel, Zwiebeln und Knoblauch unterrühren.
4. Den Teig in die Muffinmulden füllen und mit dem geriebenen Käse bestreuen.
5. 20 bis 25 Minuten backen. Einige Minuten abkühlen lassen, bevor sie aus der Form gelöst werden. Warm servieren.

## Variation:

- Diese Muffins sind sehr variabel und schmecken auch mit Oliven, Mais oder Ihren ganz persönlichen Lieblingspizzazutaten.

Ergibt: 12 Muffins

laktosefrei nussfrei

# Hackfleischbällchen



*Diese würzigen und saftigen Hackfleischbällchen eignen sich gut als Snack zwischendurch, aber auch zum Mitnehmen oder für ein Picknick.*

## Zutaten

**1 Zwiebel**
**1 Bund Petersilie**
**500 g gemischtes Hackfleisch**
**1 Ei**
**75 g glutenfreie Haferflocken**
**1 ½ EL Senf (!)**
**200 g Magerquark**
**Salz**
**Pfeffer**
**Öl zum Anbraten**

## Zubereitung

1. Zwiebel schälen und fein hacken. Petersilie fein hacken.
2. Alle Zutaten für die Fleischbällchen in einer Schüssel verrühren. Kleine Bällchen formen.
3. Das Öl in einer Pfanne erhitzen und die Hackfleischbällchen darin knusprig braten.

## Variation:

- Statt der glutenfreien Haferflocken können Sie auch Hirseflocken, glutenfreie Cornflakes oder glutenfreie Semmelbrösel verwenden.
- Wenn Sie es würziger mögen, bietet es sich an, zusätzlich Thymian oder eine ausgepresste Knoblauchzehe unter die Fleischmasse zu rühren.

Ergibt: 4 Portionen

nuss-frei

# Falafel mit Schafskäsecreme



*Diese veganen, im Fett gebackenen Bällchen sind ein typisches Gericht der arabischen Küche, das im ganzen Nahen Osten sowie in Nordafrika verbreitet ist.*

## Zutaten

***Für die Schafskäsecreme***

**1 Knoblauchzehe**
**4 frische Pfefferminzblätter**
**250 g Feta**
**2–3 TL frischer, fein gehackter Ingwer**
**100 g (Soja-)Joghurt**
**1 Spritzer Zitronensaft**
**Salz**
**Pfeffer**

***Für die Falafel***

**250 g Kichererbsen (aus dem Glas, Abtropfgewicht)**
**1 Zwiebel**
**3 Knoblauchzehen**
**1 gehäufter TL Kreuzkümmel**
**1 TL Koriandersamen**
**3 EL gehackte Petersilie**
**½ TL Kurkuma**
**Salz**
**Pfeffer**
**80 g Kichererbsenmehl**
**1 gestr. TL Backpulver (!)**
**Öl zum Ausbacken**

## Zubereitung

1. Für die Schafskäsecreme geschälten Knoblauch und Pfefferminzblätter fein hacken. Alle Zutaten für die Creme zusammen pürieren und nach Geschmack würzen. Kalt stellen.
2. Für die Falafel die Kichererbsen abtropfen lassen. Zwiebel und Knoblauch schälen und fein hacken. Kreuzkümmel und Koriander im Mörser zerstampfen. Alle Falafelzutaten zusammen pürieren. Aus der Masse 10 Bällchen formen.
3. Das Öl in einer Pfanne erhitzen und die Falafel darin von allen Seiten knusprig braten. Sie sollten gar, aber innen noch saftig sein.
4. Warm mit der Schafskäsecreme servieren.

## Extra-Tipps:

- Dazu passen Tomaten, ein gemischter Salat und Chutney.
- Die Falafel selbst sind vegan, die Schafskäsecreme natürlich nicht. Wenn Sie diese weglassen, können Sie das Gericht auch Veganern servieren.

Ergibt: 5 Portionen als Vorspeise,
3 Portionen als Hauptspeise mit Salat

laktosefrei nussfrei eifrei vegetarisch

# Zucchinipuffer



*Diese saftige Vorspeise kann mit einem bunten Salat oder einer Tomatensoße serviert werden und dient dann 2 Personen als vollständige, leichte Mahlzeit. Die Zucchinipuffer schmecken auch kalt lecker und eignen sich z. B. als Beilage zu gegrilltem Fleisch.*

## Zutaten

**400 g (2 kleine) Zucchini**
**2 Knoblauchzehen**
**100 g würziger Hartkäse**
**60 g glutenfreie Mehlmischung**
**1 TL Backpulver (!)**
**2 Eier**
**Pfeffer**
**½ TL Salz**
**Muskatnuss**
**Öl zum Braten**

## Zubereitung

1. Die Zucchini waschen und fein reiben. Etwas ausdrücken. Die geschälten Knoblauchzehen fein hacken. Den Käse reiben.
2. Alle Zutaten für die Puffer verrühren. Nach Geschmack würzen.
3. In einer Pfanne das Öl erhitzen. Pro Puffer jeweils einen Löffel des Zucchiniteigs in das heiße Fett geben und glatt streichen.
4. Von beiden Seiten braten, sodass die Puffer braun und außen leicht knusprig werden.

## Variation:

- Die Puffer schmecken noch aromatischer, wenn Sie eine Handvoll Petersilie klein schneiden und unter den Teig rühren.

Ergibt: 15 Puffer

laktose-frei nuss-frei vege-tarisch

# Käsepuffer



*Diese pikante Leckerei schmeckt wunderbar saftig und aromatisch. Wenn Sie einen bunten Salat dazu servieren, reichen die Käsepuffer als Hauptgericht für 2 bis 3 Personen.*

## Zutaten

**100 g Mozzarella**
**150 g Schafskäse**
**40 g Kartoffelstärke**
**50 g glutenfreie Semmelbrösel**
**1 Ei**
**Pfeffer**
**Salz**
**Muskatnuss**
**Chili**
**Öl zum Anbraten**

## Zubereitung

1. Mozzarella und Schafskäse würfeln. Die restlichen Zutaten hinzufügen, nach Geschmack würzen. Mit den Händen vermengen.
2. Das Öl in einer Pfanne erhitzen. Aus der Käsemasse 8 bis 10 Bällchen formen, etwas flach drücken und im Öl von beiden Seiten insgesamt 3 bis 4 Minuten braten, bis sie hellbraun sind.
3. Herausnehmen und auf Küchenpapier abtropfen lassen. Sofort servieren oder im angewärmten Backofen warmhalten, bis alle Käsepuffer fertig gebraten sind.

## Extra-Tipp:

- Schafskäse (Feta) ist in der Regel laktosefrei und auch Mozzarella ist laktosefrei erhältlich. Achten Sie beim Kauf darauf, dass der Kohlenhydratanteil mit maximal 1 g pro 100 g angegeben ist, denn dann wird der Mozzarella in der Regel auch bei Laktoseintoleranz vertragen.

Ergibt: 4–5 Portionen als Vorspeise,
2–3 Portionen als Hauptgericht

laktosefrei nussfrei vegetarisch

# Pakora

*Zu dieser köstlichen indischen Vorspeise passen verschiedene Chutneys oder eine Minzsoße. Wenn Sie einen großen Salat dazu servieren, reicht die Menge auch als Hauptgericht für drei Personen.*

## Zutaten

**350 g gemischtes Gemüse**
**½ TL Koriandersamen**
**1 TL Kreuzkümmel**
**½ TL Cayennepfeffer oder Chili**
**½ TL Paprikapulver, edelsüß**
**1 ½ TL Salz**
**250 g Kichererbsenmehl**
**300–320 ml kaltes Wasser**
**reichlich Rapsöl zum Ausbacken**

## Zubereitung

1. Das Gemüse putzen und in Scheiben oder kleine Stücke schneiden. Koriander und Kreuzkümmel klein mörsern.
2. Für den Teig die Gewürze mit dem Kichererbsenmehl mischen. Nach und nach das Wasser zugießen und alles zu einem glatten, dickflüssigen Teig verrühren.
3. Das Öl in einer Pfanne erhitzen. Die Gemüsestücke portionsweise im Teig wenden. Das mit Teig überzogene Gemüse auf mittlerer Stufe im Öl von beiden Seiten braten, bis die Stücke goldbraun und knusprig sind.
4. Herausnehmen und auf Küchenpapier abtropfen lassen. Sofort servieren oder im angewärmten Backofen warmhalten, bis alle Gemüsestücke fertig gebraten sind.

## Extra-Tipps:

- Als Gemüse eignen sich beispielsweise Auberginen, Zucchini, Brokkoli, Blumenkohl und Pilze, aber auch Salbeiblätter und Zwiebelringe.
- Wenn Sie eine Fritteuse haben, können Sie das mit Teig überzogene Gemüse auch frittieren.

Ergibt: 6 Portionen als Vorspeise,
3 Portionen als Hauptgericht

laktosefrei · milchfrei · nussfrei · eifrei · vegetarisch · vegan

## Variation:

- Sie können das gewählte Gemüse alternativ auch in sehr kleine Stücke schneiden, mischen und mit dem Kichererbsenteig verrühren. Dann stechen Sie zum Braten kleine Portionen von der Masse ab.

# Hauptspeisen

# Quiche Lorraine



*Dies ist eine Variante des klassischen Lothringer Speckkuchens, der nicht nur in Frankreich sehr beliebt ist. Natürlich kann der Mürbteig auch mit anderen Füllungen kombiniert werden.*

## Zutaten

***Für den Teig***

**200 g glutenfreie Mehlmischung**
**100 g Margarine**
**½ TL Salz**
**½ TL gemahlene Chiasamen**
**ca. 5 EL Wasser**

***Für die Füllung***

**125 g Hartkäse**
**100 g Schinkenwürfel (!)**
**4 Eier**
**200 ml (Soja-)Sahne**
**Pfeffer**
**Salz**

## Zubereitung

1. Aus Mehl, Margarine, Salz, Chiasamen und Wasser mit den Händen einen geschmeidigen Mürbteig kneten. Zu einer Kugel formen und im Kühlschrank 1 Stunde ruhen lassen.
2. Den Backofen auf 180 °C vorheizen. Eine Springform einfetten.
3. Boden und Rand der Springform mit Teig auslegen. Den Boden mit der Gabel mehrfach einstechen. Den Teig im Backofen etwa 10 Minuten vorbacken.
4. Den Käse reiben.
5. Eier mit Sahne, Pfeffer und Salz verquirlen. Den geriebenen Käse und die Schinkenwürfel unterrühren.
6. Die Eimasse auf dem Teigboden verteilen. 30 bis 35 Minuten backen. Heiß servieren.

Ergibt: 1 Quiche (Ø 24 cm)

laktose-frei

nuss-frei

# Gemüse-Lachs-Quiche



*Quiches sind generell sehr variabel. Diese lässt sich problemlos auch mit anderem Gemüse nach Wahl zubereiten und schmeckt schön saftig.*

## Zutaten

***Für den Teig***
**70 g Kartoffelstärke**
**70 g Reismehl**
**60 g Kichererbsenmehl**
**50 g Hirsemehl**
**1 TL Guarkernmehl**
**1 TL gemahlene Chiasamen**
**1 Ei**
**125 g Margarine**
**1 Prise Salz**

***Für die Füllung***
**150 g Brokkoli**
**½ Bund Dill**
**150 g Champignons**
**250 g roher Lachs**
**1 EL Olivenöl**
**3 Eier**
**200 ml (Soja-)Sahne**
**2 EL Zitronensaft**
**Salz**
**Pfeffer**

## Zubereitung

1. Alle Teigzutaten mit den Händen zu einem Mürbteig verarbeiten. Kalt stellen.
2. Währenddessen den Brokkoli in Röschen schneiden und in etwas Salzwasser dünsten.
3. Dill hacken, Champignons in Scheiben schneiden, Lachs würfeln.
4. Den Backofen auf 200 °C vorheizen. Eine Springform mit Olivenöl einfetten.
5. Eier, (Soja-)Sahne, Zitronensaft, Dill, Salz und Pfeffer verquirlen.
6. Boden und Rand der Springform mit dem Teig auslegen. Lachs und Gemüse darauf verteilen. Eiersahne darüber gießen.
7. Die Quiche 30 Minuten backen.

## Variation:

- Alternativ können Sie diese Quiche auch mit Räucherlachs zubereiten.

Ergibt: 1 Quiche (Ø 24 cm)

laktose-frei nuss-frei

# Zwiebelkuchen

*Zu dieser saftigen Variante des herbstlichen Klassikers passt wunderbar ein Glas Weißwein. Der Teig lässt sich übrigens auch hervorragend für eine Quiche mit einer Füllung nach Wahl verwenden.*

## Zutaten

***Für den Teig***

**100 g Kichererbsenmehl**
**50 g Teffmehl**
**50 g Kartoffelstärke**
**1 TL Guarkernmehl**
**1 Ei**
**100 g Margarine**
**1 Prise Salz**

***Für die Füllung***

**700 g Zwiebeln**
**etwas Öl zum Anbraten**
**100 g Schinkenwürfel (!)**
**2 TL Kümmel**
**2 TL Kreuzkümmel**
**1 gestr. TL Salz**
**Pfeffer**
**Muskatnuss**
**1 Prise Zucker**
**300 g (Soja-)Joghurt**
**3 EL (Soja-)Sahne**
**1 EL Kartoffelstärke**

## Zubereitung

1. Aus den Teigzutaten einen Mürbteig kneten. Kalt stellen.
2. In der Zwischenzeit Zwiebeln schälen und hacken. Etwas Öl in einer Pfanne erhitzen, Schinkenwürfel und Zwiebeln darin anbraten, die Gewürze hinzufügen.
3. Sojajoghurt, Sojasahne und Kartoffelstärke gut verrühren. Dann unter die Zwiebelmasse rühren. Etwas abkühlen lassen.
4. Den Backofen auf 180 °C vorheizen. Eine Springform einfetten.
5. Boden und Rand der Springform mit dem Mürbteig auslegen.
6. Die Zwiebelmasse in die Form füllen und gleichmäßig auf dem Boden verteilen.
7. 30 Minuten backen.

## Extra-Tipps:

- Wenn Sie Laktose vertragen, können Sie die Sojajoghurt-Sojasahne-Kartoffelstärke-Mischung durch Schmand ersetzen.
- Wer es weniger saftig mag, nimmt 50 g Sojajoghurt weniger.
- Vegetarier können die Schinkenwürfel weglassen oder durch glutenfreien Räuchertofu ersetzen.
- Sollte Zwiebelkuchen übrig bleiben, können Sie ihn auch gut kalt essen.

Ergibt: 1 Springform (Ø 24 cm), 3–4 Portionen

laktosefrei milchfrei nussfrei

# Chatschapuri

*Dieses georgische Käsebrot hat eine knusprige Kruste und ist innen saftig. Die Käsesorten für die Füllung können Sie nach Ihrem Geschmack wählen.*

## Zutaten

***Für den Teig***

**220 g glutenfreie Mehlmischung**
**1 TL Salz**
**1 Prise Zucker**
**½ P. Trockenhefe**
**50 g Margarine**
**100 g (Soja-)Joghurt**
**1 Ei**

***Für die Füllung***

**100 g milder Ziegenhartkäse**
**150 g Feta**
**80 g Magerquark**
**50 g Crème fraîche**
**1 Ei**
**1 Knoblauchzehe**
**Salz**
**Pfeffer**

***Außerdem***

**1 Eigelb zum Bestreichen**

## Zubereitung

1. Den Backofen auf 50 °C vorheizen.
2. Aus den Teigzutaten einen Hefeteig herstellen. Den Backofen ausschalten und den Teig abgedeckt 30 Minuten darin aufgehen lassen.
3. Währenddessen für die Füllung den Hartkäse reiben, den Feta würfeln und beides mit Quark, Crème fraîche und Ei verrühren. Den Knoblauch schälen, fein hacken und mit Salz und Pfeffer unter die Käsemasse rühren.
4. Den Teig aus dem Backofen holen. Den Backofen auf 220 °C vorheizen. Eine Springform (Ø 24 cm) einfetten.
5. Mit etwa zwei Dritteln des Teigs Boden und Rand der Springform auslegen. Die Käsemasse hineinfüllen. Aus dem restlichen Teig eine Scheibe formen, die als Deckel genau in die Springform passt, und auf die Käsemasse legen. Den Teig von Rand und Deckel gut miteinander verbinden, sodass keine Lücken mehr zu sehen sind. Mit Eigelb bestreichen.
6. 30 Minuten backen und mit Salat servieren.

### Variation:

- Rühren Sie auch mal gehackte, frische Kräuter in die Käsemasse – z. B. Petersilie oder Schnittlauch.

nuss-frei vege-tarisch

# Pizza

*Pizza ist vielseitig und kann äußerst farbenfroh gestaltet werden. Wählen Sie den Belag ganz nach Ihrem individuellen Geschmack: Ob vegetarisch oder nicht – der Fantasie sind keine Grenzen gesetzt!*

## Zutaten

**400 g glutenfreie Mehlmischung**
**1 TL Salz**
**1 P. Trockenhefe**
**1 Ei**
**2 EL Apfelessig**
**300–350 ml lauwarmes Wasser**

**Belag nach Wahl**

## Zubereitung

1. Den Backofen auf 50 °C vorheizen. Ein Backblech einfetten.
2. Mehl, Salz, Hefe, Ei, Apfelessig und Wasser zu einem glatten Hefeteig verarbeiten, der sich vom Schüsselrand löst.
3. Den Backofen ausschalten und den Teig darin 1 Stunde aufgehen lassen.
4. Den Teig herausnehmen. Den Backofen auf 200 °C vorheizen.
5. Den Teig auf dem Blech ausrollen, nach Belieben belegen und dann 30 Minuten backen.

## Extra-Tipp:

- Der Pizzaboden an sich ist vegetarisch. Ob das auch bei der fertigen Pizza der Fall ist, hängt von Ihrem gewählten Belag ab.

Ergibt: 1 Blech

laktosefrei milchfrei nussfrei vegetarisch

## Belag:

- Tomatenmark, Cocktailtomaten, Mozzarella
- Pesto, Schinken, Schafskäse, Salbei
- Pilze, Paprikaschoten, Bergkäse
- Pesto, Salami, Bergkäse
- Tomatenmark, Thunfisch, Oliven

# Pizza mit Blumenkohlboden

*Diese Pizza überrascht mit einer kohlenhydratarmen, innovativen Alternative zum üblichen Boden aus Hefeteig. Belegen können Sie den Blumenkohlboden ganz nach Ihren Wünschen.*

## Zutaten

**300 g Blumenkohl**
**2 Eier**
**150 g geriebener Hartkäse**
**½ TL Salz**
**Pfeffer**
**Thymian**

**Belag nach Wahl**

## Zubereitung

1. Den rohen Blumenkohl fein zerkleinern, sodass kleine Krümel entstehen, aber kein Mus.
2. Blumenkohlkrümel mit Eiern, Käse und Gewürzen verrühren, sodass eine einheitliche Masse entsteht.
3. Ein kleines Backblech oder zwei Drittel eines normalen Backblechs mit Backpapier auslegen. Den Backofen auf 180 °C vorheizen.
4. Die Blumenkohlmasse auf dem Blech verteilen und festdrücken, sodass sie etwa 0,5 cm dick ist.
5. 15 bis 20 Minuten backen, bis der Boden leicht gebräunt und fest, aber nicht hart ist.
6. Aus dem Ofen holen, beispielsweise mit Pesto oder Tomatenmark bestreichen und nach Belieben belegen. Anschließend weiterbacken, bis der Belag leicht gebräunt ist (je nach Belag ca. 10 bis 15 Minuten).

## Extra-Tipps:

- Der Blumenkohlboden an sich ist vegetarisch. Ob das auch bei der fertigen Pizza der Fall ist, hängt von Ihrem gewählten Belag ab.
- Einzelne Pizzastücke, die übrig bleiben, können Sie in einer beschichteten Pfanne mit Deckel auf mittlerer Stufe aufwärmen.
- Der Boden der fertigen Pizza ist recht weich, nicht knusprig. In Quadrate geschnitten, kann er ohne Belag auch gut als Beilage dienen.

Ergibt: 3 Portionen

laktose-frei nuss-frei vege-tarisch

## Belag:

- Pesto, Tomaten, Mozzarella
- Pesto, Salami, Pilze, Tomaten, Mozzarella
- Tomatenmark, Schinken, Bergkäse
- Pilze, Cocktailtomaten, Schafskäse
- Thunfisch, Kapern, Schafskäse

# Rösti-Pizza

*Die Idee zu dieser interessanten Pizzavariation stammt aus der Schweiz. Statt eines Teigs dient hier eine Kartoffelrösti als Unterlage für einen Belag nach Wahl. Die Zubereitung ist zugegebenermaßen etwas aufwendig und es ist nicht so einfach, die Rösti unfallfrei zu wenden oder später mit Belag heil auf den Teller gleiten zu lassen, aber geschmacklich lohnt es sich auf jeden Fall.*

## Zutaten

**1.100 g Kartoffeln**
**Öl zum Anbraten**

**Belag nach Wahl**

## Zubereitung

1. Die Kartoffeln schälen, fein reiben und sehr gut ausdrücken.
2. Das Öl in einer Pfanne erhitzen. Eine Handvoll der geriebenen Kartoffeln erneut ausdrücken, in die heiße Pfanne füllen, gleichmäßig in einer dünnen Schicht auf dem Pfannenboden verteilen und festdrücken. Ohne Deckel etwa 8 Minuten braten, dann vorsichtig (am besten mithilfe eines leicht geölten Tellers) wenden.
3. Während die Rösti von der anderen Seite brät, nach Belieben würzen und mit dem Wunschbelag belegen.
4. Weitere 5 Minuten auf kleiner Flamme abgedeckt braten.
5. Die restlichen Kartoffelraspel auf dieselbe Weise verarbeiten.

## Extra-Tipps:

- Am besten schmeckt die Rösti-Pizza, wenn Sie die Rösti nach dem Wenden mit Pesto oder Tomatenmark bestreichen, bevor Sie mit Salz, Pfeffer und optional mit Thymian würzen.
- Rösti an sich ist vegetarisch und vegan. Ob das auch bei der fertigen Rösti-Pizza der Fall ist, hängt von Ihrem gewählten Belag ab.
- Rösti eignet sich auch als Beilage zu verschiedenen Gemüse-, Fleisch- oder Fischgerichten.

Ergibt: 2–3 Portionen

laktosefrei milchfrei nussfrei eifrei vegetarisch vegan

## Variation:

- Pesto, Tomaten, Mozzarella
- Tomatenmark, Schinken, Bergkäse
- Pilze, Cocktailtomaten, Schafskäse
- Thunfisch, Kapern, Schafskäse

# Pfannkuchen mit Pilzsoße



*Pfannkuchen sind recht schnell gebacken und ausgesprochen vielseitig, denn als Belag kann man eigentlich fast alles verwenden, was der Kühlschrank hergibt.*

## Zutaten

***Für den Belag***
**1 Zwiebel**
**300 g Pilze**
**Olivenöl zum Anbraten**
**75 ml (Soja-)Sahne oder Schmand**
**Pfeffer, Salz**

***Für den Teig***
**2 Eier**
**2 EL (40 g) Kastanien- oder Teffmehl**
**4 EL (80 g) glutenfreie Fertigmehlmischung**
**1 Prise Salz**
**ca. 300 ml kohlensäurehaltiges Wasser**

***Zum Braten***
**Rapsöl**

***Zum Überbacken***
**150 g mittelalter Gouda**
**frische Petersilie**

## Zubereitung

1. Erst die Füllung zubereiten: Zwiebel schälen und hacken. Pilze putzen und in Scheiben schneiden. Zwiebeln in Olivenöl glasig andünsten, Pilze hinzufügen, anbraten. Mit Sahne ablöschen. Soße mit Pfeffer und Salz würzen und etwas einkochen lassen.
2. Eier schaumig rühren. Mehl und Salz hinzufügen. Nach Bedarf Wasser dazugießen und mit dem Schneebesen zu einem geschmeidigen, weichen, klümpchenfreien Teig vermischen.
3. Rapsöl in einer Pfanne erhitzen. Ein Drittel des Teigs für einen Pfannkuchen in die Pfanne gießen, von einer Seite auf mittlerer bis hoher Stufe 2 bis 3 Minuten backen, sodass die Unterseite goldbraun ist.
4. Den Pfannkuchen wenden, ein Drittel des Belags darauf verteilen, ein Drittel des geriebenen Käses darüber streuen. Backen, bis die Unterseite goldbraun ist.
5. Dann mit einem Drittel der gehackten Petersilie bestreuen und servieren. Die anderen beiden Pfannkuchen auf dieselbe Art backen.

## Variation:

- Statt des Kastanien- oder Teffmehls können Sie auch die verwendete Menge der glutenfreien Mehlmischung entsprechend erhöhen.
- Statt der Pilzsoße können Sie auch Apfelmus oder einen anderen Belag Ihrer Wahl mit diesen Pfannkuchen kombinieren.

Ergibt: Für 2 Personen (3 Pfannkuchen)

laktose-frei nuss-frei vege-tarisch

# Chili sin Carne

*Bei dieser ungewöhnlichen, veganen Variante des beliebten Klassikers „Chili con Carne“ (auf Deutsch: Chili mit Fleisch) wird das Hackfleisch durch Cashewkerne ersetzt. So entsteht ein leckeres „Chili sin Carne“ – ein Chili ohne Fleisch.*

## Zutaten

**1 Chilischote**
**2 Karotten**
**2 Paprikaschoten**
**2 Zwiebeln**
**4 Knoblauchzehen**
**2 EL Olivenöl**
**200 ml Gemüsebrühe (!)**
**350 ml passierte Tomaten**
**1 EL Tomatenmark**
**1 EL Paprikapulver**
**1 TL Majoran**
**1 TL Petersilie**
**1 TL Thymian**
**Pfeffer**
**400 g Kidneybohnen**
**300 g Mais**
**150 g gesalzene Cashewkerne**

## Zubereitung

1. Die Chilischote halbieren, entkernen und fein hacken. Karotten und Paprikaschoten putzen und würfeln.
2. Zwiebeln und Knoblauch schälen und fein hacken. In einem großen Topf mit Olivenöl anbraten. Karotten und Paprikaschoten hinzufügen und kurz braten.
3. Mit der Gemüsebrühe ablöschen. Passierte Tomaten, Tomatenmark, Gewürze und Kräuter hinzufügen.
4. Die Kidneybohnen abspülen, den Mais abgießen. Beides in den Topf füllen. 5 Minuten köcheln lassen.
5. Zum Schluss die gesalzenen Cashewkerne unterrühren und im Chili erwärmen. Abschmecken.

## Extra-Tipps:

- Sie können das Chili pur genießen, aber auch Baguette oder Reis dazu reichen.
- Wenn Sie Paprikaschoten nicht gut vertragen, liegt das vermutlich an deren Haut. Das Problem lässt sich in der Regel beheben, wenn Sie die rohen Paprikaschoten mit dem Sparschäler schälen.

Ergibt: 3 Portionen

laktosefrei · milchfrei · nussfrei · eifrei · vegetarisch · vegan

## Variation:

- Wenn dieses Gericht weder vegan noch vegetarisch sein soll, können Sie die Cashewkerne auch durch 200 g gemischtes Hackfleisch ersetzen, das Sie mit den Zwiebeln und dem Knoblauch zusammen anbraten.

# Kartoffelauflauf



*Aufläufe sind ausgesprochen vielseitig und außerdem leicht glutenfrei herzustellen. Sie können diesen Kartoffelauflauf problemlos an Ihre eigenen geschmacklichen Vorlieben anpassen.*

## Zutaten

**1 große Süßkartoffel**
**650 g Kartoffeln**
**1 TL Salz**
**700 g gemischtes Gemüse nach Wahl**
**1 Zwiebel**
**1–2 Knoblauchzehen**
**500 g gemischtes Hackfleisch**
**200 g würziger Hartkäse**
**400 ml (Soja-)Sahne**
**2 Eier**
**1 TL Thymian**
**Pfeffer**
**Salz**
**Muskatnuss**

## Zubereitung

1. Süßkartoffel und Kartoffeln zusammen in einem Topf mit Wasser und Salz kochen, bis sie bissfest sind. Dann in Scheiben schneiden.
2. Das Gemüse putzen und zerkleinern. Je nach verwendeten Sorten anbraten, dünsten oder roh lassen.
3. Zwiebel und Knoblauch schälen und fein hacken, dann in Öl anbraten.
4. Das Hackfleisch hinzufügen und braten, bis es gerade durch ist.
5. Den Käse reiben.
6. (Soja-)Sahne, Eier und Gewürze verquirlen.
7. Den Backofen auf 180 °C vorheizen. Eine große oder zwei kleine Auflaufformen leicht einfetten.
8. Die Kartoffelscheiben unten in die Form legen. Dann das Hackfleisch darauf verteilen, und das Gemüse darüber schichten. Die Sahne-Ei-Mischung darüber gießen. Mit dem geriebenen Käse abschließen.
9. 20 bis 25 Minuten backen.

## Extra-Tipps:

- Ich habe eine Mischung aus Aubergine, Pilzen, Cocktailtomaten und Brokkoli gewählt. Es bietet sich an, die Aubergine vorher leicht zu salzen und in Olivenöl anzubraten und den Brokkoli kurz zu dünsten. Pilze und Cocktailtomaten können Sie roh in den Auflauf geben.
- Wenn Sie Bio-Kartoffeln verwenden, die Sie vor dem Kochen abbürsten, können Sie die Schale gut mitessen.

Ergibt: 6 Portionen

laktose-frei nuss-frei

## Variation:

- Wenn Sie vegetarisch kochen wollen, können Sie die Hackfleischschicht problemlos weglassen.

# Mango-Hähnchen

*Dieses leichte, schnell zubereitete Hähnchengericht hat einen wunderbar fruchtigen Geschmack und kann natürlich auch mit einem anderen Gemüse Ihrer Wahl kombiniert werden.*

## Zutaten

**1 kg Hähnchenfleisch**
**1 Mango**
**4 Frühlingszwiebeln**
**1 Zucchini**
**Öl zum Anbraten**
**1 EL Zitronensaft**
**Pfeffer**
**Salz**
**Muskatnuss**
**Paprikapulver**
**200 ml Gemüsebrühe (!) oder Hühnerfond**
**150 ml (Soja-)Sahne oder Kokosmilch**

## Zubereitung

1. Das Hähnchenfleisch in Würfel schneiden und leicht salzen. Die Mango schälen und würfeln. Die Frühlingszwiebeln in Ringe schneiden. Die Zucchini würfeln.
2. Das Öl in einem Wok oder einer großen Pfanne erhitzen und das Fleisch 8 Minuten darin anbraten.
3. Mango, Zucchini und Frühlingszwiebeln hinzufügen und mit anbraten. Den Zitronensaft darüberträufeln. Nach Geschmack würzen.
4. Mit Gemüsebrühe oder Hühnerfond ablöschen. (Soja-)Sahne oder Kokosmilch hinzugießen. Einige Minuten köcheln lassen, damit sich die Aromen mischen können. Dann mit Reis servieren.

Ergibt: 4 Portionen

laktose-frei milch-frei nuss-frei eifrei

# Gefüllte Zucchini

*Dieses Ofengericht kann pur oder mit Hirse beziehungsweise Reis genossen werden.*

## Zutaten

**1 große (ca. 600 g) Zucchini**
**1 Zwiebel**
**1–2 Knoblauchzehen**
**1 Karotte**
**450–550 g Tomaten**
**Öl zum Anbraten**
**500 g gemischtes Hackfleisch**
**½ Chilischote (optional)**
**Oregano**
**Thymian**
**Pfeffer**
**Salz**
**100 ml (Soja-)Sahne**
**4 EL Wasser**
**50 g geriebener Hartkäse**

## Zubereitung

1. Die Zucchini halbieren und aushöhlen. Das Fruchtfleisch klein schneiden.
2. Zwiebel und Knoblauch schälen und hacken. Karotte und Tomaten würfeln.
3. Zwiebel und Knoblauch in etwas Öl anbraten. Das Hackfleisch, die Karottenwürfel und die Gewürze hinzufügen und braten, bis das Fleisch fast gar ist. Dann Tomaten, zerkleinertes Zucchinifleisch, (Soja-)Sahne und Wasser hinzufügen und alles kurz aufkochen.
4. Den Backofen auf 180 °C vorheizen. Eine Auflaufform leicht einfetten.
5. Die beiden Zucchinihälften in die Form legen und mit der Hackfleischsoße füllen. Sollte darüber hinaus noch Soße übrig sein, diese neben den Zucchinihälften in die Auflaufform füllen.
6. Mit dem geriebenen Käse bestreuen. 35 Minuten backen.

### Extra-Tipp:

- Diese Hackfleischsoße passt auch gut zu Nudeln oder Gemüsenudeln.

Ergibt: 3–4 Portionen

laktosefrei nussfrei eifrei

# Hirsebratlinge mit Apfel

*Zu diesen fruchtig-saftigen Bratlingen passen ein Salat, Tomatensoße, eine Gemüsepfanne und/oder Reis.*

## Zutaten

**130 g Hirse**
**360 ml Gemüsebrühe (!)**
**200 g Karotten**
**400 g Äpfel**
**30 g Ingwerwurzel**
**1 Zwiebel**
**1 ½ TL Salz**
**Pfeffer**
**1 TL Kreuzkümmel**
**100 g Sonnenblumenkerne**
**6–8 EL Kartoffelstärke**
**Öl zum Anbraten**

## Zubereitung

1. Die Hirse in der Gemüsebrühe kochen, bis sie gar ist. Etwas abkühlen lassen.
2. Karotten und Äpfel mit Schale raspeln. Ingwer und Zwiebel schälen und fein hacken.
3. Karotten, Äpfel, Ingwer, Zwiebel, Hirse, Gewürze und Sonnenblumenkerne gut verrühren und (mit dem Pürierstab) grob pürieren.
4. So viel Kartoffelstärke hinzufügen, dass sich die Masse gut zu kleinen Bratlingen formen lässt.
5. Das Öl in einer Pfanne erhitzen und auf mittlerer Stufe die Bratlinge von beiden Seiten jeweils etwa 4 Minuten braten, bis sie außen leicht knusprig und innen noch saftig sind.

## Extra-Tipps:

- Wenn die Bratlinge mehr Biss haben sollen, können Sie die Sonnenblumenkerne auch erst nach dem Pürieren hinzufügen.
- Statt Äpfel und Karotten fein zu reiben, können Sie diese auch grob pürieren.

Ergibt: 30 kleine Bratlinge

laktosefrei milchfrei nussfrei eifrei vegetarisch vegan

# Süßspeisen

# Kaiserschmarrn



*Kaiserschmarrn ist eine der bekanntesten Süßspeisen der österreichischen Küche. Der luftig-lockere Pfannkuchenteig schmeckt bereits pur wunderbar, wird aber auch gern mit Apfelmus, Zwetschgenmus oder beliebigem Kompott kombiniert.*

## Zutaten

**75 g Rosinen**
**1 EL Rum oder Apfelsaft**
**1 Apfel**
**3 Eier**
**35 g Zucker**
**250 ml (Mandel-)Milch**
**150 g glutenfreie Mehlmischung**
**50 g Mandelstifte**
**1 Prise Salz**
**Rapsöl oder Margarine zum Braten**
**2 TL Puderzucker**

## Zubereitung

1. Die Rosinen in Rum oder Apfelsaft einweichen. Den Apfel schälen, entkernen und in kleine Stückchen schneiden. Die Eier trennen.
2. Das Eigelb schaumig rühren, den Zucker langsam einrieseln lassen und weiter schlagen.
3. (Mandel-)Milch und Mehl unterrühren und alles zu einem geschmeidigen Teig verarbeiten. Rosinen, Apfelstückchen und Mandelstifte unterheben.
4. Das Eiweiß mit 1 Prise Salz zu steifem Schnee schlagen. Den Eischnee unter den Teig heben.
5. In einer großen Pfanne etwas Öl erhitzen. Die Hälfte des Teigs in die Pfanne gießen und auf mittlerer Stufe einige Minuten backen, bis die Unterseite goldbraun ist. Wenden, dann die andere Seite backen.
6. Den fertigen Schmarrn mit zwei Gabeln in mundgerechte Stücke reißen. Warm halten oder sofort servieren.
7. Mit dem restlichen Teig genauso verfahren.
8. Zum Anrichten mit Puderzucker bestäuben. Nach Belieben mit Apfelmus, Zwetschgenmus oder Kompott servieren.

Ergibt: 3 Portionen
(als Hauptgericht)

laktosefrei milchfrei vegetarisch

# Marillenknödel



*Marillenknödel (hochdeutsch: Aprikosenklöße) sind eine Mehlspeise der böhmischen und österreichischen Küche. Da meine Familie einige Jahre in Österreich gewohnt hat, kamen sie bei uns gern ab und zu auf den Tisch. Marillenknödel schmecken schön saftig und können als Nachtisch, aber auch als süßes Hauptgericht serviert werden.*

## Zutaten

***Für den Teig***

**450 g rohe, mehlig kochende Kartoffeln**
**20 g Reismehl**
**75 g Kartoffelstärke**
**40 g Kichererbsenmehl**
**10 g Margarine**
**1 Prise Salz**

***Für die Füllung***

**10–12 Aprikosen**
**10–12 Mandeln**

***Zum Wälzen***

**50 g gemahlene Mandeln**
**50 g glutenfreie Semmel- oder Keksbrösel**
**1 EL Zucker (nach Geschmack)**
**30 g Margarine + 30 g zum Begießen**

## Zubereitung

1. Die Kartoffeln schälen und kochen, dann stampfen und abkühlen lassen. Aus allen angegebenen Teigzutaten einen geschmeidigen, festen und wenig klebenden Teig bereiten. Den Teig zu einer dicken Rolle formen und in 10 bis 12 Scheiben schneiden.
2. Die Aprikosen entsteinen und statt des Steins eine Mandel hineinstecken. Die Teigstücke mit je einer Aprikose füllen und zu Knödeln rollen.
3. In einem großen Topf leicht gesalzenes Wasser zum Kochen bringen, dann die Hitze auf mittlere Stufe reduzieren. Die Knödel 25 Minuten gar ziehen lassen.
4. Inzwischen in einer Pfanne die Hälfte der Margarine schmelzen. Gemahlene Mandeln und Brösel darin anbraten.
5. Die fertigen Knödel in der Bröselmasse wälzen.
6. Die übrige Margarine schmelzen.
7. Die Knödel mit der Bröselmasse servieren, einschneiden und auf dem Teller mit Margarine übergießen.

## Extra-Tipps:

- Den Süßegrad der Brösel können Sie individuell an Ihren Geschmack und das jeweilige Obst anpassen.
- Die ungefüllten Knödel können Sie auch als Beilage (beispielsweise zu Braten) verwenden.

Ergibt: 10 bis 12 Knödel

laktose-frei · milch-frei · eifrei · vege-tarisch · vegan

## Variation:

- Statt der Aprikosen können Sie zum Füllen auch Zwetschgen verwenden.
- Die Brösel, in denen Sie die Knödel wälzen, können Sie auch mit gemahlenem Mohn mischen.

# Erdbeer-Käseküchlein im Glas



*Warum sollte Käsekuchen immer auf einer Tortenplatte stehen? Bei diesem fruchtig-frischen Nachtisch im Glas isst das Auge mit.*

## Zutaten

**50 g glutenfreie Kekse**
**25 g Margarine**
**10 Erdbeeren (ca. 150 g)**
**1 Bio-Limette**
**50 g Magerquark**
**15 g Puderzucker**
**50 ml Sahne**

## Zubereitung

1. Kekse fein zerbröseln. Margarine schmelzen, mit den Bröseln vermischen und auf 4 Gläser verteilen.
2. Erdbeeren putzen, 2 Erdbeeren für die Dekoration beiseitelegen. Restliche Erdbeeren in Stücke schneiden und auf die Gläser verteilen.
3. Die Schale der Limette abreiben und den Saft auspressen. Quark, Puderzucker, 1 TL Limettensaft und die Hälfte der abgeriebenen Limettenschale verrühren, sodass eine glatte Creme entsteht.
4. Die Sahne steif schlagen und unter die Quarkmasse heben. Die Creme auf die Gläser verteilen.
5. Mit den restlichen Erdbeeren verzieren und mit dem Rest der abgeriebenen Limettenschale bestreuen. Kalt stellen.

## Extra-Tipp:

- Wenn dieser kleine Nachtisch nuss- oder eifrei sein soll, müssen Sie darauf achten, dass auch die verwendeten Kekse keine Nüsse oder Eier enthalten.

Ergibt: 4 kleine Portionen

nuss-frei eifrei vege-tarisch

# Mousse au Chocolat



*Mousse au Chocolat ist eine himmlische Versuchung, aber – wenn man sie mit den gängigen Zutaten herstellt – bei Laktoseintoleranz ebenso ungeeignet wie für Veganer. Hier nun ein denkbar einfaches Rezept, das ganz ohne Milchprodukte und Ei auskommt, geschmacklich der üblichen Mousse aber in nichts nachsteht und auch Skeptiker überzeugt.*

## Zutaten

**400 g Seidentofu**
**200 g Bitterschokolade (ca. 75 % Kakao)**
**1 P. Vanillezucker**

## Zubereitung

1. Seidentofu (ohne Flüssigkeit) pürieren.
2. Schokolade im Wasserbad schmelzen.
3. Vanillezucker und Schokolade dem Seidentofu hinzufügen. Alles mixen, bis die Masse eine geschmeidige, einheitliche Konsistenz hat. Kalt stellen und vor dem Servieren nach Belieben dekorieren.

## Extra-Tipp:

- Wenn Ihre Mousse etwas lockerer sein soll, verwenden Sie nur 170 g Bitterschokolade.

Ergibt: 4 Portionen

laktose-frei milch-frei nuss-frei eifrei vege-tarisch vegan

# Schokoladen-Schnitten mit Himbeerpüree



*Diese Schokoschnitten erinnern ein wenig an Brownies. Mit Himbeerpüree und/oder Schlagsahne dienen sie als fast schon dekadenter Nachtisch!*

## Zutaten

***Für die Schokoschnitten***

**200 g Bitterschokolade**
**200 g Margarine**
**4 Eier**
**80 g Zucker**
**70 g glutenfreie Mehlmischung**
**2 EL Zitronensaft**

***Für das Himbeerpüree***

**500 g Himbeeren (frisch oder tiefgekühlt und aufgetaut)**

## Zubereitung

1. Schokolade und Margarine im Wasserbad schmelzen und verrühren. Leicht abkühlen lassen.
2. Den Backofen auf 180 °C vorheizen. Ein kleines Backblech mit hohem Rand (28 x 17 cm) mit Backpapier auslegen.
3. Die Eier mit dem Zucker schaumig rühren. Mehl und Zitronensaft unterrühren. Die lauwarme Schoko-Margarinen-Mischung hinzufügen und unterrühren, sodass ein glatter Teig entsteht.
4. Den Teig in die Form füllen. 20 Minuten backen.
5. Währenddessen die Himbeeren pürieren.
6. Die Schokoschnitten lauwarm oder kalt mit dem Himbeerpüree servieren.

Ergibt: 6 Portionen

laktosefrei milchfrei nussfrei vegetarisch

# Beeren-Walnuss-Auflauf



*Die Idee zu diesem Rezept stammt aus Alaska. Dort wird der Beeren-Walnuss-Auflauf bevorzugt mit frischen Cranberrys oder Heidelbeeren zubereitet. Er eignet sich als Nachtisch oder zum Nachmittagstee, kann warm oder kalt gegessen werden.*

## Zutaten

**120 g Zucker**
**1 Ei**
**1 P. Vanillezucker**
**180 g Margarine**
**340 g Reismehl**
**30 g Kartoffelstärke**
**1 Prise Salz**
**150 g gehackte Walnüsse**
**250–300 g gemischte Beeren (tiefgefroren oder frisch)**

## Zubereitung

1. Das Ei mit dem Zucker und Vanillezucker schaumig rühren. Die Margarine schmelzen und hinzufügen. Wenn alles gut verrührt ist, Mehl, Stärke und Salz hinzufügen. Zum Schluss die gehackten Walnüsse unterrühren.
2. Den Backofen auf 180 °C vorheizen. Eine Auflaufform (z. B. mit Ø 24 cm) oder mehrere kleine Förmchen einfetten.
3. Die Hälfte des Teigs in die Auflaufform füllen. Die Hälfte der Beeren auf dem Teig verteilen. Dann den Rest Teig und zum Schluss die restlichen Beeren einfüllen und leicht in den Teig drücken.
4. 20 bis 30 Minuten goldbraun backen. Nach Belieben warm oder kalt servieren.

## Extra-Tipps:

- Sie können diesen Auflauf pur oder mit Schlagsahne genießen, aber auch Rote Grütze oder Kompott dazu reichen.
- Besonders große Beeren sollten evtl. vorab etwas zerkleinert werden.

Ergibt: 6 Portionen

laktosefrei milchfrei vegetarisch

# Brot, Brötchen und Co

# Kartoffelbrot



*Durch die Kartoffeln erhält das Brot eine luftig-lockere Konsistenz. Es ist nicht bröselig, schmeckt frisch, neutral und leicht.*

## Zutaten

**300 g gekochte Kartoffeln**
**100 g Teffmehl**
**200 g glutenfreie Mehlmischung**
**1 TL Guarkernmehl**
**10 g Kartoffelstärke**
**1 ½ TL Salz**
**1 P. Trockenhefe**
**1 Prise Zucker**
**2 TL Brotbackgewürz (!)**
**1 TL gemahlene Chiasamen**
**1 Ei**
**180 ml lauwarmes Wasser**
**4 EL Sonnenblumenkerne**

## Zubereitung

1. Die gekochten Kartoffeln zerdrücken. In einer großen Schüssel die Mehlsorten mit der Kartoffelstärke und dem Salz mischen. Die Kartoffeln unterrühren.
2. Den Backofen auf 50 °C vorheizen. Eine Kastenform einfetten.
3. Hefe, Zucker, Brotbackgewürz, Chiasamen, Ei und Wasser hinzufügen und zu einem glatten Teig verrühren. Sonnenblumenkerne unterrühren.
4. Den Backofen ausschalten. Teig in die Form füllen, die Oberfläche des Brots mit Wasser bestreichen. Im geschlossenen Backofen 1 Stunde aufgehen lassen.
5. Die Form herausholen und den Backofen auf 210 °C vorheizen.
6. Eine Schale mit Wasser unten in den Backofen stellen. Das Brot 50 Minuten backen.

## Extra-Tipps:

- Wegen der Kartoffeln ist für dieses Brot etwas mehr Salz erforderlich als normal.
- Durch die feuerfeste Schale mit Wasser, die Sie unten in den Backofen stellen, erhält Ihr Brot eine besonders knusprige Kruste.

Ergibt: 1 Kastenbrot (30 cm)

laktose-frei milch-frei nuss-frei vege-tarisch

# Sauerteigbrot mit Leinsamen



*Durch die gekochten Zutaten schmeckt dieses Brot schön saftig, krümelt nicht beim Zerschneiden und bleibt lange frisch.*

## Zutaten

***Zum Vorkochen***
**15 g Hirse**
**10 g glutenfreie Haferflocken**
**10 g Leinsamen**
**150 ml Wasser**

***Sonstige Teigzutaten***
**50 g Teffmehl**
**50 g Kartoffelstärke**
**50 g Reismehl**
**50 g Kichererbsenmehl**
**40 g gelbes Maismehl**
**40 g Klebreismehl**
**25 g glutenfreier Trockensauerteig**
**½ P. Trockenhefe**
**2 TL Chiasamen**
**2 EL Rapsöl**
**1 TL Apfelessig**
**1 TL Salz**
**1 TL Brotbackgewürz (!)**
**ca. 240 ml kohlensäurehaltiges Wasser**

## Zubereitung

1. Hirse, Haferflocken und Leinsamen mit dem Wasser aufkochen, dann 20 Minuten auf kleiner Stufe abgedeckt köcheln lassen. Vor der Weiterverwendung auskühlen lassen.
2. Den Backofen auf 50 °C vorheizen.
3. Die gekochte Mischung mit allen übrigen Teigzutaten gut verrühren, sodass ein weicher, aber nicht flüssiger Teig entsteht.
4. Den Backofen ausschalten und den Teig abgedeckt 1 Stunde darin aufgehen lassen. Dann den Teig herausholen.
5. Den Backofen auf 220 °C vorheizen. Eine Kastenform einfetten. Eine feuerfeste Schale mit Wasser unten in den Ofen stellen.
6. Den Teig in die Form füllen. 45 bis 50 Minuten backen. Eventuell nach der Hälfte der Backzeit abdecken, damit das Brot nicht zu dunkel wird.

## Extra-Tipps:

- Kochen Sie die doppelte Menge an Samen, Flocken und Körnern. Die Hälfte davon können Sie dann für das nächste Brot oder die Canihua-Brötchen (S. 114) einfrieren.
- Wenn Sie Ihr Brot kerniger mögen, können Sie 2 EL Leinsamen oder Sonnenblumenkerne unter den Teig rühren.

Ergibt: 1 Kastenform (25 cm)

laktose-frei milch-frei nuss-frei eifrei vege-tarisch vegan

# Kastenbrot mit Quark

*Dieses Brot ist insbesondere für all jene geeignet, die keine Hefe vertragen. Seine Frische erhält es durch den Quark.*

## Zutaten

**120 g Hafermehl (!)**
**150 g Reismehl**
**120 g Kichererbsenmehl**
**60 g Kartoffelstärke**
**50 g Lupinenmehl**
**1 TL Guarkernmehl**
**1 TL gemahlene Chiasamen**
**1 ½ P. Backpulver (!)**
**1 TL Salz**
**300 g Magerquark**
**2 Eier**
**1 Eiweiß**
**80 ml kohlensäurehaltiges Wasser**
**50 g Sonnenblumenkerne**

***Zum Verzieren***
**1 Eigelb**
**1 TL Wasser**
**20 g Sonnenblumenkerne**

## Zubereitung

1. Den Backofen auf 180 °C vorheizen. Eine Kastenform einfetten.
2. Die trockenen Teigzutaten mischen. Den Quark mit Eiern, Eiweiß und Wasser verrühren. Mehlmischung und Sonnenblumenkerne mit der Quark-Ei-Mischung verrühren, sodass ein schwerer Teig entsteht.
3. Den Teig in die Form füllen.
4. Das Eigelb mit 1 TL Wasser verquirlen. Die Teigoberfläche damit bestreichen. Die Körner darüberstreuen.
5. 45 bis 55 Minuten backen.

## Variation:

- Die Sonnenblumenkerne können natürlich auch durch Kürbiskerne, Leinsamen oder Sesam ersetzt werden.

Ergibt: 1 Kastenform (28 cm)

nuss-frei vege-tarisch

# Gewürzbrot mit Hanf (aus dem Brotbackautomaten)



*Ein Brotbackautomat erleichtert den glutenfreien Alltag ungemein – insbesondere wenn Sie Ihr Brot gerne selber backen, aber nicht viel Zeit haben.*

## Zutaten

**380 ml Wasser**
**1 gestr. TL Salz**
**50 g Kartoffelstärke**
**30 g glutenfreier Trockensauerteig**
**80 g Kichererbsenmehl**
**100 g Reismehl**
**40 g Lupinenmehl**
**½ P. Trockenhefe**
**1 Prise Zucker**
**2 EL Rapsöl**
**2 TL Brotbackgewürz (!)**
**2 gestr. TL gemahlene Chiasamen**
**1 gestr. TL Guarkernmehl**
**3 EL Hanfsamen**
**1 EL gemahlener Canihua**

## Zubereitung

1. Die Zutaten in der angegebenen Reihenfolge in den Behälter des Brotbackautomaten füllen.
2. Gemäß der Bedienungsanleitung des Geräts ein passendes Programm wählen (beispielsweise „Normal“). Der Automat verrührt nun die Zutaten zu einem Teig, lässt diesen aufgehen und bäckt ihn.
3. Nach Ablauf des Programms das Brot im Behälter etwas abkühlen lassen, dann entnehmen.

## Extra-Tipp:

- Je nach Brotbackautomat und Mehlmischung kann mehr oder weniger Wasser erforderlich sein.
  Bei den meisten Brotbackautomaten piept das Gerät nach Ablauf etwa eines Viertels der Zubereitungszeit: Dann können Sie den Deckel kurz öffnen und die Konsistenz des Teigs prüfen. Er sollte dickflüssig, aber nicht zäh sein. Falls nötig, können Sie nun noch etwas Wasser nachfüllen.

Ergibt: 1 Laib

laktose-frei · milch-frei · nuss-frei · eifrei · vege-tarisch · vegan

## Variation:

- Hanfsamen und Canihua können Sie auch durch Leinsamen und Sonnenblumenkerne oder Sesam ersetzen.

# Mischbrot (aus dem Brotbackautomaten)



*Wenn Sie einen Brotbackautomaten und ein gutes Grundrezept haben, können Sie mit verschiedenen glutenfreien Mehlsorten experimentieren, die Sie gerade im Haus haben. Auf diese Weise kombinieren Sie die unterschiedlichen Backeigenschaften, und da Sie von jeder Mehlsorte nur eine recht kleine Menge verwenden, schmeckt auch intensives Mehl nicht heraus.*

## Zutaten

**400 ml Wasser**
**½ TL Salz**
**50 g Hafermehl (!)**
**25 g glutenfreier Trockensauerteig**
**50 g Kartoffelstärke**
**100 g Reismehl**
**25 g Sojamehl**
**25 g Lupinenmehl**
**25 g Kichererbsenmehl**
**1 TL Guarkernmehl**
**2 EL Reiskleie**
**2 EL Zuckerrübenballaststoff**
**3 EL gemahlener Canihua**
**1 TL gemahlene Chiasamen**
**1 Prise Zucker**
**½ P. Trockenhefe**
**2 TL Brotbackgewürz (!)**
**2 EL Rapsöl**
**4 EL Sonnenblumenkerne**

## Zubereitung

1. Die Zutaten in der angegebenen Reihenfolge in den Behälter des Brotbackautomaten füllen.
2. Gemäß der Bedienungsanleitung des Geräts ein passendes Programm wählen (beispielsweise „Normal"). Der Automat verrührt nun die Zutaten zu einem Teig, lässt diesen aufgehen und bäckt ihn.
3. Nach Ablauf des Programms das Brot im Behälter etwas abkühlen lassen, dann entnehmen.

## Extra-Tipps:

- Je nach Brotbackautomat und Mehlmischung kann mehr oder weniger Wasser erforderlich sein. Bei den meisten Brotbackautomaten piept das Gerät nach Ablauf etwa eines Viertels der Zubereitungszeit: Dann können Sie den Deckel kurz öffnen und die Konsistenz des Teigs prüfen. Er sollte dickflüssig, aber nicht zäh sein. Falls nötig, können Sie nun noch etwas Wasser nachfüllen.
- Variieren Sie dieses Rezept nach Herzenslust.
  Solange die Wassermenge und die Gesamtmehlmenge ungefähr gleich bleiben, kann nicht viel schiefgehen!

Ergibt: 1 Laib

laktose-frei milch-frei nuss-frei eifrei vege-tarisch vegan

# Zucchinibrötchen

*Zugegeben: Zucchini wirken als Zutat für ein Brötchenrezept etwas merkwürdig. Aber sie sorgen dafür, dass die Brötchen besonders frisch schmecken. Auch nach zwei Tagen im Kühlschrank sind sie noch ganz erstaunlich saftig und überhaupt nicht trocken.*

## Zutaten

**230 g Zucchini**
**1 gestr. TL Salz**
**50 g Teffmehl**
**75 g Reismehl**
**75 g Kichererbsenmehl**
**1 TL Guarkernmehl**
**40 g Kartoffelstärke**
**1 EL gemahlener Canihua (optional)**
**1 TL Brotbackgewürz (!)**
**1 P. Trockenhefe**
**1 Prise Zucker**
**1 EL Apfelessig**
**ca. 130 ml lauwarmes Wasser**
**Sonnenblumenkerne, Sesam und/oder Kürbiskerne zum Bestreuen**

## Zubereitung

1. Die Zucchini mit Schale reiben.
2. Salz, Mehlsorten, Kartoffelstärke und (nach Belieben) Canihua mischen. Brotbackgewürz, Trockenhefe und Zucker darüberstreuen. Apfelessig und so viel lauwarmes Wasser hinzufügen, dass ein geschmeidiger Teig entsteht, der nicht klebt.
3. Ein Backblech mit Backpapier auslegen und aus dem Teig 12 kleine Brötchen formen. An einem warmen Ort 45 bis 60 Minuten aufgehen lassen.
4. Den Backofen auf 175 °C vorheizen. Die Brötchen mit Wasser bestreichen, nach Belieben mit Körnern bestreuen und diese leicht festdrücken.
5. 20 Minuten backen.

Ergibt: 12 Brötchen

laktose-frei milch-frei nuss-frei eifrei vege-tarisch vegan

# Teffbrötchen mit Walnüssen

*Diese dunklen Brötchen zeichnen sich durch den intensiven Eigengeschmack des Teffmehls und ein nussiges Aroma aus. Sie passen hervorragend zu Käse, schmecken aber auch mit jedem anderen Belag lecker.*

## Zutaten

**250 g Teffmehl**
**½ TL Guarkernmehl**
**½ TL Salz**
**1 Prise Zucker**
**½ P. Trockenhefe**
**160 ml lauwarmes Wasser**
**30 g Margarine**
**30 g gehackte Walnüsse**

## Zubereitung

1. Mehl und Salz mischen, Zucker und Trockenhefe darüberstreuen.
2. Wasser auf die Hefe gießen, alles zu einem Teig verkneten.
3. Margarine einarbeiten und gehackte Walnüsse unterrühren.
4. Den Backofen auf 50 °C vorheizen. Ein Backblech mit Backpapier auslegen.
5. Mit bemehlten Händen aus dem weichen Teig 7 kleine Brötchen formen und auf das Backblech legen, die Oberseite kreuzweise einritzen.
6. Den Backofen ausschalten und die Brötchen darin 45 Minuten aufgehen lassen.
7. Das Blech mit den Brötchen herausholen und den Backofen auf 200 °C vorheizen.
8. 25 bis 30 Minuten backen.

## Extra-Tipp:

- Wenn Ihnen der Teffgeschmack zu intensiv ist, können Sie auch die Hälfte der angegebenen Teffmehlmenge durch Reismehl ersetzen.

Ergibt: 7 kleine Brötchen

laktosefrei milchfrei eifrei vegetarisch vegan

# Canihua-Brötchen



*Diese Brötchen sind außen knusprig und innen saftig und locker. Durch die aus Südamerika stammenden, nährstoffreichen Canihua-Samen erhalten sie einen leckeren Vollkorncharakter.*

## Zutaten

***Zum Vorkochen***
**15 g Hirse**
**10 g glutenfreie Haferflocken**
**10 g Leinsamen**
**150 ml Wasser**

***Sonstige Teigzutaten***
**30 g Hirse- oder glutenfreie Haferflocken**
**40 g Teffmehl**
**80 g Reismehl**
**50 g Kichererbsenmehl**
**50 g Kartoffelstärke**
**20 g glutenfreier Trockensauerteig**
**1 Prise Zucker**
**½ P. Trockenhefe**
**2 EL Rapsöl**
**1 TL Apfelessig**
**1 TL Salz**
**1 TL Brotbackgewürz (!)**
**2 TL Zuckerrübenballaststoff (optional)**
**2 TL gemahlene Chiasamen**
**20 g gemahlener Canihua**
**ca. 230 ml kohlensäurehaltiges Wasser**

## Zubereitung

1. Hirse, Haferflocken und Leinsamen mit dem Wasser aufkochen, dann 20 Minuten auf kleiner Stufe abgedeckt köcheln lassen. Vor der Weiterverwendung auskühlen lassen.
2. Den Backofen auf 50 °C vorheizen.
3. Die vorgekochte Mischung mit allen übrigen Teigzutaten gut verrühren.
4. Den Backofen ausschalten und den Teig abgedeckt 1 Stunde darin aufgehen lassen. Dann den Teig herausholen.
5. Den Backofen auf 220 °C vorheizen. Eine feuerfeste Schale mit Wasser unten in den Ofen stellen. Ein Backblech mit Backpapier auslegen.
6. Aus dem Teig 8 Brötchen formen und auf das Backblech legen. 20 bis 25 Minuten backen.

### Extra-Tipp:

- Kochen Sie die doppelte Menge an Samen, Flocken und Körnern. Die Hälfte davon können Sie dann für die nächsten Brötchen oder das Sauerteigbrot mit Leinsamen (S. 102) einfrieren.

Ergibt: 8 Brötchen

laktose-frei milch-frei nuss-frei eifrei vege-tarisch vegan

# Leinsamenbrötchen mit Canihua



*Canihua hat einen wunderbar nussigen Geschmack und verleiht diesen lockeren, aromatischen Brötchen ihr besonderes Aroma.*

## Zutaten

**20 g gemahlener Canihua**
**50 g glutenfreie Haferflocken**
**15 g Leinsamen**
**310 g glutenfreie Mehlmischung**
**2 TL gemahlene Chiasamen**
**1 EL Apfelessig**
**1 Prise Zucker**
**1 P. Trockenhefe**
**300 ml Wasser**
**½ TL Salz**

## Zubereitung

1. Den Backofen auf 50 °C vorheizen.
2. Aus den Teigzutaten einen Hefeteig herstellen. Den Teig auf 6 Ton-Blumentöpfe (Ø 8 cm) verteilen. Den Backofen ausschalten und den Teig in den Blumentöpfen 1 Stunde darin aufgehen lassen.
3. Die Blumentöpfe aus dem Backofen holen. Den Backofen auf 230 °C vorheizen.
4. Die Brötchen 25 Minuten backen. In den Töpfen auskühlen lassen.

## Extra-Tipps:

- Vor der Verwendung sollten Sie die Blumentöpfe 30 Minuten wässern.
- Im Zweifelsfall können Sie den Canihua durch gemahlene Nüsse oder Buchweizenmehl ersetzen.
- Wenn Sie die Brötchen vor dem Backen mit Leinsamen bestreuen möchten, sollten Sie die Teigoberfläche zuvor mit verquirltem Eigelb bepinseln, damit die Körner auf den Brötchen haften bleiben.
- Natürlich können Sie diese Brötchen auch ohne Tontöpfe auf dem Backblech backen.

Ergibt: 6 Brötchen

laktose-frei milch-frei nuss-frei eifrei vege-tarisch vegan

# Laugengebäck

*Es ist generell nicht ganz einfach, glutenfreien Hefeteig herzustellen. Und auch Laugengebäck ist eine Herausforderung. Lassen Sie sich also nicht entmutigen und experimentieren Sie, bis Sie den gewünschten Grad der Lauge und des Aufgehens sowie Ihre bevorzugte Konsistenz erreicht haben.*

## Zutaten

***Für den Teig***

**70 g Kartoffelstärke**
**250 g Reismehl**
**180 g Kichererbsenmehl**
**1 TL Guarkernmehl**
**1 TL gemahlene Chiasamen**
**1 TL Salz**
**½ TL Zucker**
**1 P. Trockenhefe**
**100 g Magerquark**
**300 ml lauwarmes Wasser**
**2 EL Rapsöl**
**1 TL Apfelessig**

***Für die Lauge***

**1 l Wasser**
**50 g Natron**

***Zum Verzieren***

**grobes Salz (optional)**
**geriebener Käse (optional)**

## Zubereitung

1. Die trockenen Teigzutaten mischen. Magerquark, Wasser, Rapsöl und Apfelessig hinzufügen und alles zu einem geschmeidigen Teig verkneten.
2. Aus dem Teig Brezeln, Stangen oder Brötchen formen.
3. Für die Lauge das Wasser in einem Topf zum Kochen bringen, dann das Natron vorsichtig hinzufügen und gut verrühren. Den Topf auf der heißen Platte stehen lassen.
4. Den Backofen auf 50 °C vorheizen. Ein Backblech mit Backpapier auslegen.
5. Die Gebäckstücke einzeln nacheinander in die Lauge legen. Nach etwa 30 Sekunden steigt das Gebäckstück wieder nach oben – dann sofort herausholen und auf das Backblech legen.
6. Den Backofen ausschalten und die Gebäckstücke darin 45 Minuten aufgehen lassen.
7. Das Backblech aus dem Ofen holen. Den Backofen auf 250 °C (Ober- und Unterhitze) vorheizen. Eine feuerfeste Schale mit Wasser unten in den Ofen stellen.
8. Das Laugengebäck nach Belieben verzieren und 15 Minuten backen. Auf einem Kuchengitter auskühlen lassen.

### Extra-Tipp:

- Am besten genießen Sie das Laugengebäck ganz frisch. Sie können es aber auch gut toasten oder aufbacken.

Ergibt: 8–10 Gebäckstücke

nuss-frei eifrei vege-tarisch

# Käsefinger



*Dieses Käsegebäck ist außen leicht knusprig und innen weich und aromatisch. Ein herzhafter Snack für zwischendurch, der auch mit verschiedenen Dips hervorragend schmeckt.*

## Zutaten

***Für den Teig***
**200 g Magerquark**
**75 g Hartkäse**
**120 g Margarine**
**40 g Kartoffelstärke**
**60 g Kichererbsenmehl**
**60 g Reismehl**
**½ TL Guarkernmehl**
**½ TL Salz**
**½ P. Backpulver (!)**
**1 Prise Chili**

***Zum Verzieren***
**1 Ei**
**25 g Hartkäse**
**nach Belieben Sonnenblumenkerne, Mohn, Sesam oder Kümmel**

## Zubereitung

1. 100 g Hartkäse reiben. Etwa ein Viertel des Käses zum Bestreuen beiseitestellen.
2. Alle Teigzutaten zu einem glatten Teig verarbeiten, der sich von der Schüssel löst. 1 Stunde kalt stellen.
3. Den Backofen auf 175 °C vorheizen. Ein Backblech mit Backpapier auslegen. Das Ei verquirlen.
4. Den Teig zu kleinen Stangen formen und auf das Backblech legen. Die Stangen mit dem verquirlten Ei bestreichen, mit geriebenem Käse und beliebigen Körnern oder Gewürzen bestreuen.
5. Die Käsefinger 12 bis 15 Minuten goldbraun backen.

## Extra-Tipp:

- Falls Sie statt Margarine lieber Rapsöl zum Backen verwenden, brauchen Sie für dieses Rezept ca. 90 ml (80 g) Rapsöl.

Ergibt: ca. 30 Stangen

nuss-frei

vege-tarisch

## *Variation:*

- Variieren Sie den Teig ganz nach Ihrem Geschmack mit verschiedenen Gewürzen – z. B. mit Chili, Kümmel, Kreuzkümmel, Thymian oder Pfeffer.

# Kleingebäck

# Cupcakes mit Beerenhaube und Füllung



*Ein locker-leichter Muffin gepaart mit ein wenig Frischkäsefüllung und einer farbenfrohen, fruchtigen Creme – eine himmlische, nicht zu süße Verführung!*

## Zutaten

***Für die Muffins***

**180 g Margarine**
**100 g Zucker**
**3 Eier**
**180 g Mehl**
**½ P. Schokoladen-puddingpulver (!)**
**½ P. Backpulver (!)**

***Für die Beerenhaube***

**250 g Beeren (Tiefkühlmischung)**
**½ P. Vanillepuddingpulver (!)**
**50 g Zucker**
**50 ml Wasser**
**30 g Margarine (zimmerwarm)**
**100 g Frischkäse**

***Für die Frischkäsefüllung***

**100 g Frischkäse**
**20 g Margarine**
**15 g Puderzucker**

## Zubereitung

1. Für die Muffins Margarine und Zucker cremig schlagen, dann die Eier unterrühren. Mehl, Schokoladenpuddingpulver und Backpulver vermischen und unter die Eimasse rühren. Den Teig in 12 vorbereitete Muffinförmchen füllen und bei 170 °C 20 bis 25 Minuten backen. Etwas abkühlen lassen.
2. Für die Beerenhaube die Beeren auftauen lassen, dann pürieren. Das Puddingpulver mit dem Zucker im Wasser lösen, das Beerenpüree aufkochen, die Puddingmasse hineinrühren und kurz köcheln lassen. Den Pudding abkühlen lassen; dabei gelegentlich umrühren, damit sich keine Haut bildet.
3. Für die Frischkäsefüllung Frischkäse, Margarine und Puderzucker verrühren. In die Muffins kleine Löcher schneiden, mit der Frischkäsecreme füllen.
4. Die auf Zimmertemperatur abgekühlte Beeren-Pudding-Mischung nach und nach mit der Margarine und dem Frischkäse verrühren, sodass eine luftige Creme entsteht. Die Creme auf die Muffins löffeln oder spritzen und nach Belieben dekorieren.

## Extra-Tipps:

- Wer Kalorien und Zeit sparen möchte, kann auch auf die Frischkäsefüllung verzichten.
- Wenn die Beerenhaube fester sein und nicht zerlaufen soll, stellen Sie die Beeren-Pudding-Mischung in den Kühlschrank, bevor Sie die Muffins damit dekorieren.

Ergibt: 12 Cupcakes

nuss-frei vege-tarisch

# Erdbeer-Cupcakes

*Hier wird ein wunderbar lockerer und wenig gesüßter Teig durch Erdbeeren herrlich fruchtig. Eine köstliche Sommer-Schlemmerei!*

## Zutaten

***Für die Muffins***
**350 g frische Erdbeeren**
**80 g Bitterschokolade**
**120 g Margarine**
**100 g Zucker**
**Mark von 1 Vanilleschote**
**2 Eier**
**50 g Kartoffelstärke**
**50 g Teffmehl**
**50 g Reismehl**
**25 g Sojamehl**
**25 g Kichererbsenmehl**
**½ TL Guarkernmehl**
**½ P. Backpulver (!)**
**1 Prise Salz**

***Für das Frosting***
**150 g Erdbeeren**
**200 g Magerquark**
**3 EL Erdbeermarmelade**
**250 ml Sahne**
**1 P. Sahnesteif (!)**

## Zubereitung

1. Die Erdbeeren putzen. 350 g in kleine Stücke schneiden, die restlichen 150 g pürieren und für das Frosting beiseitestellen.
2. Die Schokolade grob hacken.
3. Margarine, Zucker und Vanille cremig rühren. Die Eier hinzufügen und verrühren.
4. Den Backofen auf 180 C° vorheizen. Ein Muffinblech mit Muffinförmchen aus Papier auslegen.
5. Kartoffelstärke, Mehlsorten, Backpulver und Salz mischen. Dann mit der Eimasse verrühren.
6. Schokoladen- und Erdbeerstückchen unterrühren.
7. Den Teig in die Förmchen füllen und 20 bis 25 Minuten backen.
8. Währenddessen für das Frosting das Erdbeerpüree mit Quark und Erdbeermarmelade glatt rühren. Die Sahne mit Sahnesteif steif schlagen und unterheben. Kalt stellen.
9. Die Muffins auskühlen lassen. Dann das kalte Frosting auf die Muffins spritzen.

nuss-frei vege-tarisch

# Schoko-Cupcakes mit Mangohaube



*Es wird zwar allgemein angenommen, dass Cupcakes eine neue Erfindung sind, doch tatsächlich gab es diese Muffins mit Guss oder Cremehaube in den USA schon im 18. Jahrhundert. Diese Version enthält wenig Zucker und überzeugt durch ihre fruchtige Haube.*

## Zutaten

***Für die Muffins***

**100 g Bitterschokolade**
**100 g Margarine**
**60 g brauner Zucker**
**2 Eier**
**75 ml (Reis-)Milch**
**60 g Reismehl**
**30 g Kartoffelstärke**
**50 g Kichererbsenmehl**
**½ TL Guarkernmehl**
**1 TL Backpulver (!)**

***Für die Haube***

**100 g Frischkäse**
**100 ml Sahne**
**ca. 250 g Mangofruchtfleisch**

## Zubereitung

1. Für die Cupcakes die Schokolade im Wasserbad schmelzen und etwas abkühlen lassen. Margarine mit dem Zucker schaumig rühren, die Eier hinzufügen und cremig rühren. Dann die flüssige Schokolade hineingießen und unterrühren.
2. Den Backofen auf 160 °C vorheizen. Die Mulden einer Muffinform einfetten oder mit Papierförmchen auslegen.
3. Die trockenen Teigzutaten mischen und unter die Schoko-Ei-Mischung rühren. Den Teig gleichmäßig auf die Muffinformen verteilen.
4. Die Muffins 20 Minuten backen, dann auskühlen lassen.
5. Währenddessen für die Mangohaube die Sahne steif schlagen. Das Mangofruchtfleisch pürieren. Frischkäse, Zucker und Mango verrühren, die Schlagsahne unterheben. Kalt stellen.
6. Die Mangocreme auf die Muffins spritzen und nach Belieben verzieren.

## Extra-Tipps:

- Wenn Sie ein festes Frosting bevorzugen, sollten Sie Sahnesteif oder mehr Frischkäse verwenden.
- Falls Sie Ihre Cupcakes süßer mögen, können Sie 40 g Zucker in die Mangocreme rühren.

nuss-frei vege-tarisch

# Beeren-Mandel-Muffins mit Streuseln



*Fruchtig-saftige, weiche Muffins werden hier mit knusprigen Mandelstreuseln gepaart – eine himmlische Versuchung!*

## Zutaten

***Für die Muffins***

**200 g Beeren (frisch, aus dem Glas oder tiefgefroren)**
**1 Ei**
**80 g Zucker**
**125 g Margarine**
**170 ml (Reis-, Mandel-)Milch oder Buttermilch**
**50 g Kartoffelstärke**
**30 g Braunhirsemehl**
**70 g Reismehl**
**50 g Kichererbsenmehl**
**1 TL Guarkernmehl**
**½ TL Zimt**
**½ P. Backpulver (!)**
**½ TL Natron**
**60 g gehackte Mandeln oder Mandelblättchen**

***Für die Streusel***

**90 g gemahlene Mandeln**
**30 g Kartoffelstärke**
**30 g Zucker**
**1 TL Zimt**
**60 g Margarine**

## Zubereitung

1. Frische Beeren verlesen, Beeren aus dem Glas abtropfen lassen, tiefgekühlte Beeren nicht auftauen.
2. Ei, Zucker und Margarine schaumig rühren, dann (Reis- oder Mandel-)Milch hinzufügen und unterrühren.
3. Die restlichen trockenen Muffinzutaten mischen und mit der Eimischung verrühren. Vorsichtig die Beeren unterheben.
4. Den Backofen auf 160 °C vorheizen. Ein Muffinblech mit Muffinförmchen aus Papier auslegen oder einfetten.
5. Für die Streusel alle Zutaten verkneten.
6. Den Muffinteig auf die Förmchen verteilen und die Streusel darüberkrümeln.
7. 20 bis 25 Minuten backen, aus dem Ofen holen und mindestens 10 Minuten ruhen lassen. Dann die Muffins aus den Förmchen holen. Noch warm oder kalt servieren.

## Extra-Tipp:

- Ich habe eine Mischung aus Stachel-, Johannis- und Himbeeren gewählt. Natürlich können Sie Ihre Lieblingsbeeren verwenden, pur oder gemischt. Je nachdem, welche Beeren Sie wählen, benötigen Sie möglicherweise etwas weniger Flüssigkeit – Johannisbeeren sind beispielsweise saftiger als Himbeeren.

Ergibt: 12 Muffins

laktose-frei milch-frei vege-tarisch

# Rhabarber-Muffins



*Herrlich saurer Rhabarber macht dieses Gebäck zu einer erfrischenden, kleinen Nascherei für zwischendurch.*

## Zutaten

**300 g Rhabarber**
**50 g Kartoffelstärke**
**80 g Margarine**
**1 Ei**
**3–4 EL flüssiger Honig**
**150 g (Soja-)Joghurt**
**100 g Schmand**
**60 g Reismehl**
**60 g Kichererbsenmehl**
**80 g Teffmehl**
**1 TL Guarkernmehl**
**½ P. Backpulver (!)**
**40 g Schokotropfen (!)**

## Zubereitung

1. Rhabarber waschen, putzen, in kleine Stücke schneiden und mit Kartoffelstärke bestäuben. Die Margarine schmelzen.
2. 15 Muffinförmchen vorbereiten. Den Backofen auf 180 °C vorheizen.
3. Ei, Honig, Joghurt und Schmand verrühren und die geschmolzene Margarine unterrühren.
4. Mehlsorten und Backpulver mischen und mit der Eimischung verrühren. Die Rhabarberstückchen und die Schokotropfen unterheben.
5. Den Teig in die Förmchen füllen und 25 bis 30 Minuten backen.

Ergibt: 15 Muffins

nuss-
frei

vege-
tarisch

# Ananas-Ingwer-Muffins



*Diese tropisch-aromatischen Muffins schmecken wunderbar fruchtig-frisch, locker und saftig und haben eine angenehm leichte Ingwerschärfe.*

## Zutaten

**320 g Ananasfruchtfleisch**
**100 g kandierter Ingwer**
**50 g Kokosflocken**
**100 g Margarine**
**2 Eier**
**40 g Zucker**
**200 ml (Reis-)Milch**
**2–3 EL Kokoslikör (nach Belieben)**
**1 Prise Salz**
**60 g Kartoffelstärke**
**20 g Kokosmehl**
**40 g Teffmehl**
**80 g Kichererbsenmehl**
**100 g Reismehl**
**1 TL Guarkernmehl**
**½ P. Backpulver (!)**

***Für den Guss***
**75 g Bitterschokolade**
**10 g Kokosfett**
**kandierter Ingwer nach Belieben**

## Zubereitung

1. Das Ananasfruchtfleisch in kleine Würfel schneiden. Den Ingwer fein würfeln. Die Kokosflocken ohne Fett rösten. Die Margarine schmelzen.
2. In einer großen Schüssel die Eier mit Zucker, (Reis-)Milch, evtl. Likör, flüssiger Margarine und 1 Prise Salz schaumig rühren. Kartoffelstärke, Mehlsorten und Backpulver mischen, hinzufügen und unterrühren.
3. Den Backofen auf 200 °C vorheizen. Ein Muffinblech mit Muffinförmchen aus Papier auslegen.
4. Ananaswürfel, Ingwer und Kokosflocken unter den Teig heben. Den Teig auf die Muffinförmchen verteilen und ungefähr 25 Minuten backen.
5. Die Muffins auskühlen lassen. Schokolade und Kokosfett zusammen schmelzen. Die Muffins mit der Schokoladenglasur überziehen. Nach Belieben mit kandiertem Ingwer garnieren.

Ergibt: 16 Muffins

laktose-frei milch-frei nuss-frei vege-tarisch

# Mango-Kokos-Muffins



*Die exotischen Aromen dieser fruchtigen Muffins erinnern an die Karibik. Das Gebäck ist nur recht wenig gesüßt und auch für Veganer geeignet.*

## Zutaten

**75 g Reismehl**
**75 g Kichererbsenmehl**
**50 g Kartoffelstärke**
**50 g Maismehl**
**1 EL Backpulver (!)**
**1 EL gemahlene Chiasamen**
**80 g Zucker**
**1 TL Zimt**
**70 g Kokosraspel + 3 EL zum Bestreuen**
**175 ml (Soja-)Milch**
**5 EL Rapsöl**
**250 g Mangofruchtfleisch (ca. 1 Mango)**

## Zubereitung

1. Die trockenen Zutaten mischen.
2. (Soja-)Milch und Öl hinzufügen, alles zu einem weichen Teig verrühren und einige Minuten quellen lassen.
3. Währenddessen den Backofen auf 175 °C vorheizen und ein Muffinblech mit Muffinförmchen aus Papier auslegen.
4. Die Mango in kleine Würfel schneiden und unter den Teig heben.
5. Den Teig in die Förmchen füllen, mit den restlichen Kokosraspeln bestreuen und 25 Minuten backen.

## Extra-Tipp:

- Natürlich können Sie generell die Zuckermenge an Ihre eigenen Vorlieben anpassen. Bei diesen Muffins sind auch der Reife- und Süßegrad der Mango entscheidend.

Ergibt: 12 Muffins

laktose-frei milch-frei nuss-frei eifrei vege-tarisch vegan

# Gefüllte Muffins

*Diese einfachen, veganen Muffins sind locker und schmecken schön saftig. Für die Füllung können Sie nach Belieben Bitterschokocreme, eine Marmelade, Pudding oder irgendeine andere Wunschfüllung wählen und so für jedes Familienmitglied individuell seinen Lieblingsmuffin herstellen.*

## Zutaten

***Für die Muffins***

**170 g glutenfreie Mehlmischung**
**½ P. Backpulver (!)**
**1 TL Guarkernmehl**
**50 g gemahlene Erdmandeln**
**80 g Zucker**
**2 TL Zimt**
**abgeriebene Schale von 1 Bio-Zitrone**
**75 ml Rapsöl (60 g)**
**60 g (Soja-)Joghurt**
**200 ml (Reis-, Soja-, Mandel-)Milch**

***Für die Füllung pro Muffin***

**je 1 TL Marmelade oder Bitterschokoladencreme**

***Zum Verzieren***

**nach Belieben Schokoraspel, gehackte Mandeln, Zuckerherzen ...**

## Zubereitung

1. Für den Teig die trockenen Zutaten mischen. Öl, Joghurt und Milch miteinander verquirlen, mit den trockenen Zutaten zu einem Teig verrühren.
2. Den Backofen auf 180 °C vorheizen. Eine Muffinform mit Papierförmchen auslegen.
3. Zwei Drittel des Teigs auf die Förmchen verteilen, je 1 TL der gewünschten Füllung in die Mitte setzen, mit dem restlichen Teig auffüllen. Nach Belieben mit Dekoration bestreuen.
4. 20 bis 25 Minuten backen.

## Extra-Tipp:

- Statt Erdmandeln können Sie auch normale Mandeln verwenden; dann sollten Sie jedoch die Zuckermenge etwas erhöhen, da Erdmandeln von Natur aus süßer sind.

## Variation:

- Rühren Sie als Alternative auch mal 40 g gehackte Mandeln oder Walnüsse unter den Teig.
- Lassen Sie Ihrer Fantasie beim Füllen freien Lauf. Auch Pudding und eine Mischung aus Honig oder Agavendicksaft mit Nussmus schmeckt in diesen Muffins sehr gut.

# Bienenstich-Törtchen

*Diese Variante des traditionellen Bienenstichs kommt in charmanter Törtchenform daher und ist sogar für Veganer geeignet.*

## Zutaten

***Für den Teig***

**30 g Kichererbsenmehl oder gemahlene Mandeln**
**1 TL Guarkernmehl**
**40 g Teffmehl**
**60 g Reismehl**
**30 g Kartoffelstärke**
**½ P. Backpulver (!)**
**Mark von 1 Vanilleschote**
**80 g Seidentofu oder Magerquark**
**40 ml (Reis-, Soja- oder Mandel-)Milch**
**50 ml Rapsöl**
**40 g Zucker**

***Für den Belag***

**35 g Zucker**
**90 g Seidentofu oder Crème fraîche**
**10 g Margarine**
**80 g Mandelblättchen**

***Für die Füllung***

**250 ml (Soja- oder Mandel-) Milch**
**½ P. Vanillepuddingpulver (!)**
**1 EL brauner Zucker**

## Zubereitung

1. Mehlsorten, Kartoffelstärke und Backpulver mischen. Die übrigen Teigzutaten hinzufügen und alles zu einem glatten Teig vermischen.
2. Den Backofen auf 160°C vorheizen. Die Mulden einer Muffinform einfetten. (Muffinförmchen aus Papier sind hier nicht geeignet.)
3. Den Teig gleichmäßig auf die Mulden der Muffinform verteilen und die Oberfläche glatt streichen.
4. Für den Belag Zucker, Seidentofu beziehungsweise Crème fraîche und Margarine in einem Topf kurz aufkochen. Den Topf vom Herd nehmen und Mandelblättchen unterrühren. Den Belag gleichmäßig auf die Muffinmulden verteilen und glatt streichen.
5. 20 bis 25 Minuten backen. 5 Minuten in der Form abkühlen lassen, dann herausnehmen.
6. Für die Füllung 6 EL der Milch zum Anrühren des Puddingpulvers verwenden, den Zucker unterrühren. Die restliche Milch aufkochen, die Pudding-Milch-Mischung einrühren. Noch einmal unter Rühren kurz aufkochen, dann auskühlen lassen.
7. Die ausgekühlten Muffins quer halbieren, den Pudding auf der Unterseite verstreichen und die obere Hälfte draufsetzen.

### Extra-Tipp:

- Wenn die Törtchen vegan sein sollen, verwenden Sie zum Kochen des Puddings am besten Soja- oder Mandelmilch, denn bei Reismilch kann es vorkommen, dass der Pudding nicht fest wird.

laktose-frei milch-frei eifrei vege-tarisch vegan

## Variation:

- Als alternative Füllung können Sie statt des Puddings auch Sahne verwenden. Dann schlagen Sie die Schlagsahne am besten mit Sahnesteif auf.

# Heidelbeer-Törtchen

*Eine köstliche Kombination aus knusprigem Teig und cremig-fruchtigem Belag.*

## Zutaten

***Für den Teig***
**125 g Margarine**
**50 g Zucker**
**1 Ei**
**50 g gemahlene Mandeln**
**50 g Teffmehl**
**50 g Kartoffelmehl**
**50 g Reismehl**
**50 g Kichererbsenmehl**
**½ TL Guarkernmehl**
**1 TL gemahlene Chiasamen**
**½ P. Backpulver (!)**

***Für die Creme***
**300 g Heidelbeeren (frisch oder tiefgefroren und aufgetaut)**
**125 g Frischkäse**
**50 g Zucker**
**1 EL Zitronensaft**
**250 ml Sahne**
**3 EL geraspelte Schokolade (!) (nach Geschmack)**

## Zubereitung

1. Aus den Teigzutaten einen Mürbteig herstellen. 30 Minuten kalt stellen.
2. Den Backofen auf 175 °C vorheizen. 10 Törtchenförmchen einfetten.
3. Die Förmchen mit dem Teig auslegen. 15 Minuten backen. Auskühlen lassen.
4. 2 EL der Heidelbeeren für die Verzierung beiseitestellen. Den Rest pürieren, mit Frischkäse, Zucker und Zitronensaft verrühren. Sahne steif schlagen und unter die Heidelbeermasse heben. 1 Stunde kalt stellen.
5. Die Törtchen mit der Heidelbeercreme bestreichen. Nach Belieben mit einzelnen Heidelbeeren und Schokoraspeln verzieren.

vege-
tarisch

# Trauben-Törtchen



*Diese herbstlichen Törtchen kombinieren knusprigen Mürbteig mit einer saftig-fruchtigen Füllung zu einem milden Geschmackserlebnis.*

## Zutaten

***Für den Teig***

**70 g Margarine**
**30 g Hafermehl (!)**
**(oder Kichererbsenmehl)**
**50 g Kartoffelstärke**
**70 g Reismehl**
**1 TL Guarkernmehl**
**½ TL gemahlene Chiasamen**
**50 g Zucker**
**1 Ei**

***Für die Füllung***

**2 Eier**
**15 g Zucker**
**100 g Sojajoghurt oder Schmand**
**Mark von 1 Vanilleschote**
**½ TL Zimt**
**150 g kernlose Weintrauben**

## Zubereitung

1. Aus den Teigzutaten einen Mürbteig kneten und 30 Minuten kalt stellen.
2. Währenddessen für die Füllung die Eier mit dem Zucker schaumig rühren. Die restlichen Zutaten (mit Ausnahme der Weintrauben) hinzufügen und unterrühren.
3. 10 Tartelettförmchen einfetten. Boden und Rand der Formen mit dem Teig auslegen. Den Teig mehrmals mit einer Gabel einstechen.
4. Den Backofen auf 170 °C vorheizen.
5. Die Trauben halbieren oder vierteln. Zwei Drittel der Trauben auf dem Boden der Formen verteilen. Die Eimasse über die Trauben streichen.
6. Die Törtchen 10 Minuten backen. Dann das letzte Drittel der Weintrauben auf die Formen verteilen. Weitere 20 bis 25 Minuten backen.

## Extra-Tipp:

- Wenn Sie Tartelettförmchen aus Silikon verwenden, brauchen Sie diese nicht einfetten.

Ergibt: 10 Tarteletts

laktosefrei milchfrei nussfrei vegetarisch

## Variation:

- Die Füllung schmeckt noch aromatischer, wenn Sie 2 EL gehackte Mandeln unterrühren.
- Die Weintrauben können Sie auch durch Apfelstückchen ersetzen.

# Mandelwaffeln



*Waffeln sind bei Groß und Klein beliebt. Diese schmecken pur lecker, aber sind als Grundlage für die „Erdbeer-Waffeltorte“ (Rezept Seite 208) noch viel köstlicher.*

## Zutaten

**50 g Margarine**
**50 g Zucker**
**1 P. Vanillezucker**
**3 Eier**
**200 ml kohlensäurehaltiges Wasser**
**40 g Kartoffelstärke**
**160 g glutenfreie Mehlmischung**
**abgeriebene Schale von 1 Bio-Zitrone**
**100 g gemahlene Mandeln**
**Puderzucker zum Bestäuben**

## Zubereitung

1. Margarine, Zucker, Vanillezucker und Eier schaumig rühren. Wasser, Kartoffelstärke und Mehl abwechselnd unterrühren. Zum Schluss Zitronenschale und Mandeln hinzufügen.
2. Den Teig etwa 15 Minuten quellen lassen. Das Waffeleisen vorheizen und gegebenenfalls einfetten.
3. Den flüssigen Teig esslöffelweise im Waffeleisen verteilen und nacheinander die Waffeln backen.
4. Die fertigen Waffeln mit Puderzucker bestäuben.

## Extra-Tipps:

- Wenn Sie mehr Wasser verwenden, erhalten Sie auch mehr Waffeln.
- Sie können die fertigen Waffeln pur und mit Puderzucker genießen, wahlweise aber auch mit Marmelade oder Schokoladencreme bestreichen, Schlagsahne, Rote Grütze oder Eis dazu reichen.

Ergibt: 8 Waffeln

laktosefrei milchfrei vegetarisch

# Brownies mit Walnüssen



*Brownies stammen aus den USA und sind dort bei Jung und Alt beliebt. Dieser schwere, saftige Blechkuchen wird in kleine Quadrate geschnitten und ist inzwischen auch hierzulande ein Fest für alle Schokoladenliebhaber!*

## Zutaten

**140 g Bitterschokolade**
**110 g Margarine**
**2 Eier**
**1 Prise Salz**
**90 g brauner Zucker**
**60 g gemahlene Mandeln**
**30 g Kartoffelstärke**
**½ TL Guarkernmehl (optional)**
**½ TL Backpulver (!)**
**100 g gehackte Walnüsse**

## Zubereitung

1. Schokolade und Margarine schmelzen und etwas abkühlen lassen.
2. Den Backofen auf 180 °C vorheizen. Ein kleines Blech (27 x 18 cm) mit Backpapier auslegen.
3. Die Eier mit der Prise Salz und dem Zucker schaumig rühren. Die Schokoladen-Margarine-Mischung hinzufügen und unterrühren.
4. Die restlichen trockenen Zutaten mischen und mit der Schoko-Ei-Mischung verrühren. Die gehackten Walnüsse unterheben.
5. Den Teig in die Form füllen und 25 bis 30 Minuten backen.

## Extra-Tipp:

- Brownies halten in einer luftdicht abschließenden Dose im Kühlschrank gut 1 Woche und sind wunderbar zum Mitnehmen geeignet.

laktose-frei milch-frei vege-tarisch

## Variation:

- Die Walnüsse können durch Schokoladenstückchen, gehackte Mandeln oder Haselnüsse ersetzt werden.

# Fruchtige Scones

*In England sind Scones ein äußerst beliebtes Kleingebäck zum Tee, das mit Marmelade und dicker Sahne genossen wird. Diese Variante enthält bereits einige fruchtige Zutaten sowie Schokoladenstückchen – aber natürlich sollte Sie das nicht davon abhalten, die kleinen Brötchen nicht nur pur, sondern auch mit Marmelade, Schokocreme oder Ähnlichem zu genießen.*

## Zutaten

**330 g glutenfreie Mehlmischung**
**75 g gemahlene Mandeln**
**1 P. Backpulver (!)**
**1 TL gemahlene Chiasamen**
**1 Prise Salz**
**50 g Zucker**
**30 g Margarine**
**abgeriebene Schale von 1 Bio-Orange**
**100 ml Orangensaft**
**100 ml Wasser**
**50 g Bitterschokotropfen**
**70 g getrockn. Cranberrys**

## Zubereitung

1. Mehl, gemahlene Mandeln, Backpulver, Chiasamen, Prise Salz und Zucker mischen.
2. Margarine in kleine Stückchen schneiden, zusammen mit der Orangenschale, dem Orangensaft und dem Wasser unterrühren, sodass ein geschmeidiger Teig entsteht, der kaum klebt. Im Zweifelsfall noch etwas Mehl hinzufügen.
3. Schokoladentropfen und Cranberrys unterrühren.
4. Den Backofen auf 190 °C vorheizen. Ein Backblech mit Backpapier auslegen.
5. Aus dem Teig 15 kleine Brötchen formen und auf das Backblech setzen.
6. 20 Minuten backen, aus dem Ofen holen und etwas abkühlen lassen. Am besten noch lauwarm genießen!

## Extra-Tipp:

- Die Cranberrys können Sie auch durch Rosinen oder getrocknete, fein gewürfelte Aprikosen ersetzen.

# Kokosecken



*Eine saftige Variante der klassischen Nussecken, bei der saure Marmelade einen tollen Kontrast zum süßen Kokosbelag bildet.*

## Zutaten

***Für den Teig***
**150 g Margarine**
**100 g Zucker**
**6 Eigelb**
**1 P. Vanillezucker**
**1 TL gemahlene Chiasamen**
**100 g Reismehl**
**100 g Kichererbsenmehl**
**50 g Kartoffelstärke**
**2 EL Kakaopulver**
**50 g Kokosraspel**

***Zum Bestreichen***
**250 g saure Marmelade**

***Für den Baiserbelag***
**6 Eiweiß**
**1 Prise Salz**
**120 g Zucker**
**200 g Kokosraspel**

***Zum Bestreuen***
**50 g Kokosraspel**

## Zubereitung

1. Margarine mit Zucker und Eigelb schaumig rühren. Die restlichen Teigzutaten hinzufügen und unterrühren.
2. Für den Baiserbelag Eiweiß mit der Prise Salz steif schlagen, dabei den Zucker einrieseln lassen. Zum Schluss die Kokosraspel unterheben.
3. Den Backofen auf 160 °C vorheizen. Ein Backblech (ca. 40 x 25 cm) mit Backpapier auslegen.
4. Den Teig auf das Backblech streichen. Die Marmelade auf dem Teig verstreichen. Als oberste Schicht den Baiser gleichmäßig auf der Marmelade verteilen. Mit Kokosraspel bestreuen.
5. 40 bis 50 Minuten backen. Gegebenenfalls nach der Hälfte der Backzeit abdecken, damit die Baiserschicht nicht zu dunkel wird.
6. Noch warm in Dreiecke schneiden.

## Extra-Tipps:

- Am besten eignet sich eine saure Marmelade wie z. B. von Sauerkirschen, Brombeeren oder Johannisbeeren.
  Wenn Sie es süßer mögen, können Sie aber natürlich auch Himbeer- oder Erdbeermarmelade verwenden.
- Falls die Marmelade zum Verstreichen zu fest ist, sollten Sie sie vorab etwas erwärmen.

Ergibt: 1 Blech

laktose-frei | milch-frei | nuss-frei | vege-tarisch

## Variation:

- Reismehl, Kichererbsen-mehl und Kartoffelstärke können Sie auch durch 250 g einer glutenfreien Mehlmischung ersetzen.

# Mandelhörnchen



*Diese süße Marzipan-Köstlichkeit ist außen leicht knusprig und innen schön weich.*

## Zutaten

**200 g (Honig-)Marzipan**
**80–120 g gemahlene Mandeln**
**2 TL Zitronensaft**
**90 g Puderzucker**
**1 Eiweiß**
**80 g Mandelblättchen**

## Zubereitung

1. Alle Zutaten bis auf die Mandelblättchen zu einem glatten, sehr klebrigen Teig verarbeiten.
2. Den Backofen auf 175 °C vorheizen. Ein Backblech mit Backpapier auslegen.
3. Aus dem Teig Hörnchen formen und in den Mandelblättchen wälzen.
4. Die Mandelhörnchen in 10 Minuten goldbraun backen.

## Extra-Tipps:

- Die benötigte Menge der gemahlenen Mandeln ist von der Größe des Eiweiß und der Klebrigkeit des Teigs abhängig.
- Die Mandelhörnchen halten sich in einer luftdicht abgeschlossenen Dose im Kühlschrank problemlos mehrere Tage frisch.
- Wenn Sie möchten, können Sie die Enden der Hörnchen in Schokolade tunken.
- Wenn Sie die Hörnchen sehr klein formen, sind sie auch hervorragend als Weihnachtsgebäck geeignet.

Ergibt: 8 Hörnchen

laktose-frei milch-frei vege-tarisch

# Apfel-Müsli-Schnitten

*Dieses saftig-weiche Gebäck ist eine Mischung aus Müsliriegel und Kuchenschnitte. Einzeln eingepackt, kann man die Schnitten gut mitnehmen.*

## Zutaten

**130 g Apfel (1 kl. Apfel)**
**1 Bio-Orange**
**100 g Margarine**
**100 g Agavendicksaft oder flüssiger Honig**
**60 ml Wasser**
**120 g glutenfreie Haferflocken**
**30 g Hirseflocken**
**50 g Kokosflocken**
**80 g gemahlene Mandeln**
**1 EL Leinsamen**
**1 EL Sesam**
**½ TL Zimt**
**1 TL Chiasamen**

***Zum Verzieren***
**30 g Bitterschokolade**

## Zubereitung

1. Den Apfel schälen, entkernen und reiben. Die Schale der Orange abreiben, den Saft ausdrücken.
2. Margarine mit Agavendicksaft oder Honig in einem Topf aufkochen und vom Herd nehmen. Die übrigen Zutaten für die Schnitten hinzufügen. Alles gut verrühren.
3. Den Backofen auf 200 °C vorheizen. Ein kleines Backblech (26 x 18 cm) mit hohem Rand mit Backpapier auslegen.
4. Die Masse etwa 1,5 cm dick in die vorbereitete Form füllen, glatt streichen und festdrücken. Mit einem Messer Schnittkanten markieren.
5. 15 bis 20 Minuten backen. Vorsichtig in Schnitten schneiden und auskühlen lassen.
6. Nach dem Abkühlen nach Belieben mit geschmolzener Bitterschokolade verzieren.

## Variation:

- Wenn Sie den Müslicharakter stärker betonen möchten, können Sie beispielsweise doppelt so viele Leinsamen nehmen oder nach Geschmack noch 1 oder 2 EL zerkleinerte Rosinen unter den Teig rühren.

Ergibt: 12 Schnitten

laktosefrei milchfrei eifrei vegetarisch vegan

# Kuchen

# Apfelstrudel



*Diese traditionell österreichische Köstlichkeit ist außen knusprig und kombiniert dünne Teigschichten mit saftiger Füllung. Es ist eine Herausforderung, glutenfreien Strudelteig so geschmeidig hinzubekommen, dass man ihn recht dünn ziehen kann. Mit diesem Rezept funktioniert es!*

## Zutaten

***Für den Teig***

**50 g Kartoffelstärke**
**30 g Klebreismehl**
**40 g Reismehl**
**30 g Kichererbsenmehl**
**½ TL gemahlene Chiasamen**
**1 gestr. TL Guarkernmehl**
**1 Ei**
**1 EL Rapsöl**
**1 Prise Salz**
**60 ml lauwarmes Wasser**

***Für die Füllung***

**40 g Rosinen**
**1 TL Rum (oder Apfelsaft)**
**1 TL Amaretto (oder Apfelsaft)**
**450 g säuerliche Äpfel**
**1 TL Zimt**
**30 g Zucker**
**40 g gehackte Mandeln**
**70 g Margarine**
**40 g glutenfreie Semmelbrösel**
**2 EL Puderzucker zum Bestreuen**

## Zubereitung

1. Die Rosinen in Rum und Amaretto oder Apfelsaft einlegen.
2. Alle Teigzutaten mit Ausnahme des Wassers verrühren. So viel Wasser zufügen, bis ein glänzender, glatter Teig entsteht, der sich gut mit den Händen kneten lässt. 30 Minuten abgedeckt ruhen lassen.
3. Währenddessen die Äpfel schälen, entkernen und in dünne Scheiben schneiden. Mit Zimt, Zucker, Mandeln und Rosinen mischen.
4. Die Margarine schmelzen. Den Backofen auf 200 °C vorheizen. Ein Backblech mit Backpapier auslegen.
5. Ein Tuch oder eine Silikon-Backmatte mit glutenfreiem Mehl bestäuben. Den Teig auf dem Tuch oder der Backmatte möglichst groß und dünn zu einem Rechteck ausrollen (etwa 25 x 30 cm, gern auch größer), ohne dass er reißt. Mit der Hälfte der zerlassenen Margarine bestreichen.
6. Semmelbrösel und Apfelmischung gleichmäßig auf dem Teig verteilen.
7. Mithilfe des Tuchs oder der Backmatte von der Längsseite her aufrollen und auf das Backblech legen. Mit Margarine bestreichen.
8. 40 Minuten backen. Sobald der Apfelstrudel beginnt, braun zu werden, alle 10 Minuten mit Margarine bestreichen.
9. Den Strudel vor dem Servieren mit Puderzucker bestreuen.

## Extra-Tipps:

- Sie können Apfelstrudel pur genießen, aber auch Schlagsahne, Vanilleeis oder Vanillesoße dazu reichen.
- Wenn es Ihnen gelingt, den Teig noch größer auszurollen, können Sie auch mehr Füllung zubereiten.

Ergibt: 1 Strudel

laktose-frei milch-frei vege-tarisch

# Linzer Torte



*Obwohl sie „Torte" heißt, ist die „Linzer Torte" eigentlich ein Kuchen, da sie in der Regel nach dem Backen nicht mehr verziert wird. Das Grundrezept für diese traditionelle Köstlichkeit aus Österreich stammt aus dem 17. Jahrhundert und ist damit das älteste bekannte Tortenrezept der Welt.*

## Zutaten

***Für den Teig***

**50 g Kichererbsenmehl**
**100 g Reismehl**
**100 g Teffmehl**
**50 g Kartoffelstärke**
**1 gehäufter TL Guarkernmehl**
**1 gehäufter TL gemahlene Chiasamen**
**½ P. Backpulver (!)**
**130 g Zucker**
**160 g gemahlene Mandeln**
**1 Prise Salz**
**abgeriebene Schale von 1 Bio-Zitrone**
**50 g geriebene Bitterschokolade**
**1 EL Amaretto**
**250 g Margarine**
**1 Ei**

***Zum Bestreichen***

**200 g Marmelade (z. B. Aprikose, Kirsche oder Himbeere)**

## Zubereitung

1. Aus allen Teigzutaten einen Knetteig herstellen. Eine Springform (Ø 26 cm) mit Backpapier auslegen oder gut einfetten.
2. Mit etwa zwei Dritteln des Teigs den Boden der Form auslegen und einen etwa 1 cm hohen Rand formen. Den Boden mit einer Gabel mehrmals einstechen.
3. Den Backofen auf 175 °C vorheizen.
4. Die Marmelade auf dem Tortenboden verstreichen.
5. Aus dem restlichen Teig dünne Rollen formen und diese gitterförmig über die Marmelade legen.
6. Auf mittlerer Schiene etwa 70 Minuten backen.

## Extra-Tipp:

- Gekühlt hält sich die Linzer Torte mindestens eine Woche. Sie können Sie also auch gut schon 1 oder 2 Tage im Voraus backen – sie zieht dann schön durch.

Ergibt: 1 Springform (Ø 26 cm)

laktosefrei milchfrei vegetarisch

# Engadiner Nusskuchen



*Diese Graubündner Spezialität kombiniert feinen Mürbteig mit einer aromatischen Honig-Nuss-Füllung. Eine wunderbar nussige Versuchung, auf die ich in einem Urlaub in der Schweiz aufmerksam wurde.*

## Zutaten

***Für den Teig***

**80 g Zucker**
**150 g Margarine**
**1 Ei**
**1 Prise Salz**
**70 g Kartoffelstärke**
**30 g Klebreismehl**
**50 g Teffmehl**
**50 g Kichererbsenmehl**
**75 g Reismehl**
**1 gestr. EL Guarkernmehl**
**1 gestr. EL gemahlene Chiasamen**

***Für die Füllung***

**40 g Honig**
**130 g Zucker**
**150 ml (Soja-)Sahne**
**200 g gehackte Walnüsse**

## Zubereitung

1. Aus den Teigzutaten mit den Händen einen Mürbteig kneten. Abgedeckt 30 Minuten kalt stellen.
2. Währenddessen Honig und Zucker in einer Pfanne langsam erwärmen, bis die Mischung karamellisiert. Vom Herd nehmen, (Soja-)Sahne und Walnüsse unterrühren.
3. Den Backofen auf 180 °C vorheizen. Eine Springform einfetten.
4. Mit zwei Dritteln des Teigs Boden und Rand der Form dünn auslegen; der Rand sollte etwa 3 cm hoch sein.
5. Die warme Füllung gleichmäßig auf dem Boden verteilen.
6. Aus dem restlichen Teig einen Deckel formen und auf die Nussmasse legen. Den Deckel gut mit dem Teigrand verbinden und mit einer Gabel mehrmals einstechen.
7. Den Kuchen 30 bis 35 Minuten backen. 20 Minuten in der Form abkühlen lassen, dann den Rand mit einem Messer vorsichtig von der Springform lösen und den Kuchen auskühlen lassen.

## Extra-Tipps:

- Abgedeckt hält sich dieser Kuchen im Kühlschrank mindestens 10 Tage frisch.
- Sie können den Engadiner Nusskuchen gut 1 oder 2 Tage im Voraus backen, damit er vor dem Anschneiden ein wenig durchziehen kann.

Ergibt: 1 Springform (Ø 24 cm)

laktose-frei milch-frei vege-tarisch

# Karottenkuchen



*Dieser saftige und lockere Karottenkuchen hat eine leckere Zitrusnote und kann gut 1 Tag im Voraus zubereitet werden.*

## Zutaten

**7 Eier**
**300 g Zucker**
**400 g Karotten**
**350 g geriebene Mandeln**
**1 TL Backpulver (!)**
**1 Prise Salz**
**2 Bio-Zitronen**

## Zubereitung

1. Eier trennen. Eigelb mit der Hälfte des Zuckers schaumig rühren.
2. Karotten fein reiben, mit Mandeln, Backpulver und Salz mischen.
3. Den Backofen auf 180 °C vorheizen. Eine Springform einfetten.
4. Die Schale der Zitronen abreiben und den Saft auspressen. Beides unter die Karotten-Mandel-Masse mischen. Eigelb-Zucker-Creme hinzufügen.
5. Eiweiß mit dem restlichem Zucker steif schlagen und vorsichtig unter die Masse heben.
6. In eine runde Springform füllen und etwa 50 Minuten auf der untersten Schiene backen. In der Form auskühlen lassen.

Ergibt: 1 Springform (Ø 26 cm)

laktose-frei milch-frei vege-tarisch

# Nusskuchen mit Zitronenglasur



*Dieser vegane Kuchen schmeckt herrlich nussig und zitronig-frisch.*
*Er ist quasi „ohne alles" – ohne Gluten, Laktose, Milch, Eier, Fett – und trotzdem sehr lecker.*

## Zutaten

***Für den Teig***

**100 g gehackte Walnüsse**
**80 g gemahlene Mandeln**
**60 g Kartoffelstärke**
**50 g Reismehl**
**100 g Hirsegrieß**
**1 TL Guarkernmehl**
**1 P. Backpulver (!)**
**200 ml Wasser**
**100 g Zucker**
**1 EL Kakaopulver**

***Für die Verzierung***

**100 g Puderzucker**
**2 EL Zitronensaft**
**gehackte oder ganze Walnüsse zum Verzieren**

## Zubereitung

1. Den Backofen auf 180 °C vorheizen. Eine Kastenform einfetten.
2. Die Zutaten für den Teig verrühren und in die Form füllen.
3. Etwa 40 Minuten backen, dann auskühlen lassen.
4. Aus Puderzucker und Zitronensaft eine Glasur herstellen. Den Kuchen damit überziehen. Mit (gehackten) Walnüssen verzieren.

# Bananen-Schoko-Kuchen

*Vegane und glutenfreie Backwaren können ausgesprochen lecker sein und müssen nicht den Eindruck vermitteln, man verzichte auf etwas. Obwohl ich sonst kein großer Freund von Bananenkuchen bin: Diese Variante ist sehr locker, schmeckt saftig, schokoladig und unglaublich gut! Auch nach mehreren Tagen ist der Kuchen noch wunderbar frisch.*

## Zutaten

**70 g gemahlene Mandeln**
**50 g Kartoffelstärke**
**50 g Reismehl**
**70 g Kichererbsenmehl**
**1 TL Natron**
**½ P. Backpulver (!)**
**80 g brauner Zucker**
**80 g Bitterschokolade**
**80 g gehackte Mandeln**
**3 Bananen**
**200 ml Kokosmilch**
**2 EL Amaretto**
**100 ml Rapsöl**

## Zubereitung

1. Gemahlene Mandeln, Kartoffelstärke, Mehlsorten, Natron, Backpulver und Zucker mischen.
2. Die Bitterschokolade grob hacken und zusammen mit den gehackten Mandeln unter die Mehlmischung rühren.
3. Den Backofen auf 180 °C vorheizen. Eine Kastenform mit Backpapier auslegen.
4. Die Bananen zerdrücken. Bananenmus, Kokosmilch, Amaretto und Rapsöl zu den trockenen Teigzutaten geben. Alles zu einem glatten, weichen Teig verrühren.
5. Den Teig in die Kastenform füllen und 45 bis 50 Minuten backen.
6. Den Kuchen in der Form abkühlen lassen und erst nach dem Erkalten anschneiden.

Ergibt: 1 Kastenform (28 cm)

laktosefrei milchfrei eifrei vegetarisch vegan

# Apfel-Walnuss-Kuchen

*Dieser einfache Rührkuchen schmeckt saftig, nussig, frisch und locker.*

## Zutaten

**200 g Margarine**
**150 g Zucker**
**4 Eier**
**1 P. Backpulver (!)**
**300 g glutenfreie Mehlmischung**
**2 gestr. TL Zimt**
**500 g Äpfel**
**100 g gehackte Walnüsse**

## Zubereitung

1. Margarine, Zucker und Eier schaumig rühren. Backpulver, Mehl und Zimt nach und nach unter Rühren hinzufügen, sodass ein glatter Teig entsteht.
2. Den Backofen auf 180 °C vorheizen. Die Kastenform einfetten.
3. Die Äpfel schälen, entkernen und raspeln.
4. Gehackte Walnüsse und Apfelraspel unter den Teig rühren.
5. Den Teig in die Kastenform füllen und etwa 55 Minuten backen. 20 Minuten in der Form abkühlen lassen, dann vorsichtig herausholen.

Ergibt: 1 Kastenform (Ø 30 cm)

laktose-frei milch-frei vege-tarisch

# Schoko-Beeren-Gugelhupf



*Dieser saftige, lockere Gugelhupf ist eine ausgesprochen überzeugende Kombination aus Schokolade und Beeren.*

## Zutaten

**150 g Bitterschokolade**
**6 Eier**
**150 g Margarine**
**100 g Zucker**
**200 g gemahlene Mandeln**
**20 g Kartoffelstärke**
**1 TL Backpulver (!)**
**1 Prise Salz**
**150 g gemischte Beeren**

***Außerdem***
**Margarine und gemahlene Mandeln für die Form**

***Für die Verzierung***
**150 g Bitterschokolade**
**15 g Kokosfett**
**einige ganze Mandeln zum Dekorieren**

## Zubereitung

1. Die Schokolade im Wasserbad schmelzen. Die Eier trennen.
2. Margarine und Zucker schaumig rühren, dann Eigelb hinzufügen und rühren, bis eine cremige Masse entsteht.
3. Geschmolzene Schokolade, gemahlene Mandeln, Stärke und Backpulver hinzufügen.
4. Den Backofen auf 180 °C vorheizen. Eine Gugelhupf- oder Kranzform sehr gut einfetten und mit gemahlenen Mandeln ausstreuen.
5. Eiweiß mit der Prise Salz steif schlagen und unter den Teig heben.
6. Die Beeren vorsichtig unter den Teig heben.
7. Den Teig in die Form füllen und 45 bis 50 Minuten backen.
8. Den Kuchen vollständig abkühlen lassen, dann vorsichtig aus der Form stürzen.
9. Für die Glasur Schokolade und Kokosfett im Wasserbad zusammen schmelzen. Damit den erkalteten Kuchen überziehen. Nach Belieben einige ganze Mandeln als Dekoration auf der noch feuchten Glasur verteilen.

## Extra-Tipps:

- Verwenden Sie frische oder tiefgekühlte Beeren, die Sie vorher auftauen und abtropfen lassen.
- Sie können statt einer Beerenmischung auch nur Johannisbeeren, Heidelbeeren oder Himbeeren verwenden. Falls Sie Erdbeeren oder andere große Beeren wählen, sollten Sie diese zerkleinern.

Ergibt: 1 Gugelhupf

laktose-frei  milch-frei  vege-tarisch

# Rhabarberkuchen mit Mandelbaiser



*Diese Kombination aus Rührteig, Rhabarber und Mandelbaiser mit einem Hauch Zitrone gelingt auch Anfängern und schmeckt wunderbar erfrischend.*

## Zutaten

***Für den Kuchen***

**130 g Margarine**
**80 g Zucker**
**Mark von 1 Vanilleschote**
**1 Ei**
**2 Eigelb**
**½ TL Zimt**
**abgeriebene Schale von ½ Bio-Zitrone**
**60 g gemahlene Mandeln**
**1 TL Backpulver (!)**
**50 g Reismehl**
**50 Kichererbsenmehl**
**20 g Kartoffelmehl**
**600 g Rhabarber**

***Für das Baiser***

**2 Eiweiß**
**1 Prise Salz**
**1 TL Zitronensaft**
**70 g Zucker**
**30 g gemahlene Mandeln**

## Zubereitung

1. Margarine, Zucker und Vanille schaumig rühren. Ei und Eigelb hinzufügen und zu einer hellen Creme verrühren. Zimt, Zitronenschale, Mandeln und das mit Backpulver gemischte Mehl darunter rühren.
2. Den Backofen auf 170 °C vorheizen. Eine Tortenform einfetten.
3. Den Teig in die Form füllen. Rhabarber schälen, in 2 cm lange Stücke schneiden und gleichmäßig auf dem Teig verteilen. 35 Minuten backen.
4. Währenddessen für das Baiser das Eiweiß mit Salz und Zitronensaft sehr steif schlagen. Den Zucker hineinrieseln lassen und weiter schlagen, bis die Masse glänzt. Die Mandeln vorsichtig unterheben.
5. Die Eiweißmasse auf den Kuchen streichen. Weitere 15 Minuten backen.

Ergibt: 1 Tortenbodenform (Ø 28 cm)

laktose-frei milch-frei vege-tarisch

# Apfelkuchen mit Mandelguss



*Der saftige Belag wird hier mit einem knusprigen Mürbteigboden kombiniert. Ein frisch-fruchtiger Herbstkuchen!*

## Zutaten

***Für den Teig***

**150 g glutenfreie Mehlmischung**
**50 g Teffmehl**
**1 TL gemahlene Chiasamen**
**60 g Zucker**
**1 Prise Salz**
**1 Ei**
**90 g kalte Margarine**

***Für den Belag***

**ca. 650 g Äpfel (5–6 Äpfel)**
**20 g gemahlene Mandeln**
**2 Eier**
**80 g Zucker**
**1–2 TL Zimt**
**120 g Sojajoghurt oder Schmand**
**1 gestr. TL Guarkernmehl** ***(siehe Extra-Tipp)***
**50 g Mandelblättchen**

## Zubereitung

1. Aus den Zutaten für den Mürbteig mit den Händen einen geschmeidigen, glatten Teig kneten. Den Teig abgedeckt 1 Stunde kalt stellen.
2. Die Äpfel schälen, entkernen und in Spalten schneiden.
3. Den Boden einer Springform mit Backpapier auslegen, den Rand einfetten. Den Backofen auf 175 °C vorheizen.
4. Den Teig auf dem Boden der Springform verteilen und bis zur halben Höhe des Springformrands hochziehen. Den Teigboden mit den gemahlenen Mandeln bestreuen.
5. Die Apfelspalten gleichmäßig auf dem Teigboden verteilen.
6. Eier mit Zucker, Zimt, Sojajoghurt oder Schmand und gegebenenfalls Guarkernmehl verrühren. Mandelblättchen unterziehen.
7. Die Eimasse über die Apfelspalten gießen und gleichmäßig verteilen.
8. 50 Minuten backen. Nach der Hälfte der Backzeit mit Alufolie abdecken. Nach Ablauf der Backzeit den Ofen ausschalten, die Abdeckung entfernen und den Kuchen weitere 10 bis 15 Minuten im geschlossenen Ofen stehen lassen. Dann herausholen und in der Form auskühlen lassen.

## Extra-Tipps:

- Das Guarkernmehl können Sie weglassen, wenn Sie statt Sojajoghurt Schmand verwenden.
- Sehr lecker schmeckt dieser Kuchen auch, wenn Sie eine Handvoll Rosinen über die Apfelspalten streuen.

Ergibt: 1 Springform (Ø 24 cm)

laktose-frei milch-frei vege-tarisch

# Johannisbeerkuchen mit Baiserhaube



*Dieser säuerliche Kuchen schmeckt wunderbar fruchtig und kann auch Menschen, die sich nicht glutenfrei ernähren müssen, begeistern.*

## Zutaten

***Für den Teig***

**150 g glutenfreie Mehlmischung**
**½ TL Guarkernmehl**
**3 Eigelb**
**60 g Zucker**
**50 g gemahlene Erdmandeln** ***(siehe Extra-Tipp)***
**100 g Margarine**

***Für den Belag***

**3 Eiweiß**
**100 g Zucker**
**150 g gemahlene Erdmandeln**
**500 g rote Johannisbeeren**

## Zubereitung

1. Die Teigzutaten zu einem Mürbteig verarbeiten und 30 Minuten kalt stellen.
2. Den Backofen auf 200 °C vorheizen. Die Springform einfetten.
3. Den Boden der Springform mit dem Teig auslegen und 12 Minuten backen. Den vorgebackenen Teigboden aus dem Ofen holen und die Temperatur auf 150 °C reduzieren.
4. Das Eiweiß zu steifem Schnee schlagen, dabei den Zucker einrieseln lassen. Gemahlene Erdmandeln und Johannisbeeren vorsichtig unterheben.
5. Die Baisermasse auf den vorgebackenen Teigboden streichen.
6. Den Kuchen 45 bis 50 Minuten backen.

## Extra-Tipps:

- Die Erdmandeln können Sie auch durch Mandeln oder Haselnüsse ersetzen – dann ist der Kuchen allerdings nicht mehr nussfrei. Da Erdmandeln von Natur aus süßlich schmecken, sollten Sie dann unter Umständen und je nach Geschmack die Zuckermenge um zehn Prozent erhöhen.
- Wenn Sie eine Springform mit einem kleineren Durchmesser wählen, wird der Kuchen weniger flach und braucht im Backofen einige Minuten länger.

Ergibt: 1 Springform (Ø 24 cm)

laktose-frei milch-frei nuss-frei vege-tarisch

# Aprikosenkuchen mit Mandelguss



*Bei diesem Kuchen können Sie die Aprikosen auch durch Ihr Lieblingsobst ersetzen. Der saftige Mandelguss verleiht der fruchtigen Kuchenkreation den besonderen Pfiff.*

## Zutaten

***Für den Teig***

**25 g Teffmehl**
**50 g Kartoffelstärke**
**50 g Kichererbsenmehl**
**75 g Reismehl**
**½ P. Backpulver (!)**
**50 g Zucker**
**1 Prise Salz**
**Mark von 1 Vanilleschote**
**80 g Margarine**
**1 Ei**
**evtl. etwas Wasser**

***Für den Belag***

**400 g frische Aprikosen**
**125 g gemahlene Mandeln**
**70 g Zucker**
**200 ml (Soja-)Sahne**
**1 ½ EL Amaretto oder einige Tropfen Bittermandelöl**

## Zubereitung

1. Für den Teig die trockenen Zutaten mischen.
2. Margarine und Ei verrühren, die Mehlmischung hinzufügen und alles gut verrühren. Falls der Teig nicht geschmeidig genug sein sollte, etwas Wasser hinzufügen.
3. Eine Springform einfetten. Mit bemehlten Händen den Boden sowie den Rand halbhoch mit Teig auslegen.
4. Die Aprikosen waschen und abtrocknen, halbieren und entsteinen. Die Aprikosenhälften mit der Außenseite nach oben dicht nebeneinander auf dem Boden des Kuchens auslegen.
5. Den Backofen auf 175 °C vorheizen.
6. Für den Guss gemahlene Mandeln, Zucker, (Soja-)Sahne und Amaretto (oder Bittermandelöl) gut verrühren. Die Mischung über das Obst gießen.
7. 40 bis 45 Minuten backen und in der Form abkühlen lassen.

## Extra-Tipp:

- Wenn Sie die Aprikosen durch anderes Obst austauschen, sollten Sie darauf achten, nur relativ feste Sorten zu wählen, da der Kuchen sonst matschig werden kann. Frisches Obst schmeckt natürlich am besten, notfalls können Sie aber auch abgetropfte Früchte aus der Dose verwenden.

Ergibt: 1 Springform (Ø 24 cm)

laktosefrei milchfrei vegetarisch

# Zwetschgenkuchen



*Die Besonderheit dieses saftigen und raffinierten Zwetschgenkuchens sind die zwei verschiedenen Böden. Dadurch ist die Zubereitung zwar etwas aufwendiger, aber es lohnt sich!*

## Zutaten

***Für den Mürbteig***

**50 g Kartoffelmehl**
**50 g Reismehl**
**50 g Kichererbsenmehl**
**½ TL Guarkernmehl**
**½ TL gemahlene Chiasamen**
**100 g Margarine**
**60 g Zucker**
**1 Prise Salz**
**1 Eigelb**
**Mark von 1 Vanillestange**

***Für den Rührteig***

**2 Eier**
**1 Eiweiß**
**70 g Zucker**
**100 g Margarine**
**abgeriebene Schale von ½ Bio-Zitrone**
**1 TL Zimt**
**30 g Kartoffelmehl**
**30 g Reismehl**
**40 g Kichererbsenmehl**

***Für den Belag***

**500 g entsteinte Zwetschgen (oder mehr)**
**1 gestr. EL brauner Zucker**

## Zubereitung

1. Aus den Zutaten für den Mürbteig einen glatten Teig herstellen und 30 Minuten kalt stellen.
2. Den Backofen auf 180 °C vorheizen. Eine Springform einfetten.
3. Den Boden der Form mit dem Mürbteig auslegen. Mehrmals mit einer Gabel einstechen und 10 Minuten vorbacken. Auskühlen lassen.
4. Für den Rührteig die Eier trennen. Eiweiß mit der Hälfte des Zuckers steif schlagen. Margarine mit dem restlichen Zucker schaumig rühren. Eigelb, Zitronenschale und Zimt hinzufügen und alles verrühren. Dann die Mehlsorten hinzufügen und unterrühren. Den Eischnee vorsichtig unterheben.
5. Den Rührteig auf den vorgebackenen Mürbteig streichen.
6. Die Zwetschgen dicht nebeneinander auf den Rührteig legen. Mit braunem Zucker bestreuen. Etwa 40 Minuten backen.

### Extra-Tipp:

- Sie können die halbierten Früchte auch senkrecht in den Rührteig stecken; dann bekommen Sie mehr Obst unter, sodass der Zwetschgenkuchen noch saftiger wird.

Ergibt: 1 Springform (Ø 28 cm)

laktose-frei milch-frei nuss-frei vege-tarisch

# Kürbiskuchen



*Ein typisch amerikanischer „Pumpkin Pie“ wird hier mit einem raffinierten karamellisierten Nussbelag kombiniert.*

## Zutaten

***Für den Teig***

**80 g Kartoffelstärke**
**80 g Reismehl**
**80 g Kichererbsenmehl**
**1 TL Guarkernmehl**
**½ P. Backpulver (!)**
**60 g Zucker**
**125 g Margarine**
**1 Ei**

***Für die Füllung***

**450 g Kürbisfleisch (Hokkaido)**
**ca. 1 Tasse Wasser zum Kochen**
**2 Eier**
**90 g Zucker**
**1 gestr. TL Ingwerpulver**
**2 TL Lebkuchengewürz oder Zimt**
**2 EL Agavendicksaft, Ahornsirup oder Honig**
**1 EL Kartoffelstärke**
**120 ml (Soja-)Sahne**

***Für den Belag***

**1 EL Margarine**
**50 g Zucker**
**90 g Walnüsse**
**abgeriebene Schale von 1 Bio-Orange**

## Zubereitung

1. Aus den Teigzutaten einen Mürbteig kneten. ½ Stunde kalt stellen.
2. Währenddessen für die Füllung das Kürbisfleisch in Würfel schneiden und in wenig Wasser weich kochen. Wasser abgießen und Kürbisfleisch pürieren. Etwas abkühlen lassen.
3. Den Backofen auf 180 °C vorheizen. Eine Springform einfetten.
4. Die Eier verquirlen. Das Kürbispüree mit den übrigen Zutaten für die Füllung verrühren, sodass eine recht flüssige, einheitliche Masse entsteht.
5. Den Boden der Springform mit dem Teig auskleiden und einen etwa 3 cm hohen Rand formen.
6. Die Kürbisfüllung gleichmäßig auf dem Boden verteilen. Den Kuchen in den Backofen stellen.
7. Währenddessen für den Belag die Margarine mit dem Zucker in einer Pfanne erhitzen. Die Walnüsse grob hacken und zusammen mit der abgeriebenen Orangenschale unter die flüssige Margarine-Zucker-Masse rühren.
8. Nach 35 Minuten Backzeit die Nussmasse gleichmäßig auf dem Kürbiskuchen verteilen. Weitere 10 Minuten backen, sodass die Füllung innen noch saftig ist.

Ergibt: 1 Springform (Ø 28 cm)

laktose-frei milch-frei vege-tarisch

# Russischer Zupfkuchen

*Der russische Zupfkuchen ist eine beliebte Kombination aus Käse- und Schokoladenkuchen. Den leckeren Kontrast zwischen dem Kakaoteig und der frischen Füllung kann man wunderbar auch glutenfrei herstellen – und sogar ohne Milchprodukte!*

## Zutaten

***Für den Teig***

**100 g Margarine**
**60 g Zucker**
**1 Ei**
**50 g Kartoffelmehl**
**50 g Kichererbsenmehl**
**50 g Reismehl**
**25 g Hirsemehl**
**½ TL Guarkernmehl**
**⅓ P. Backpulver (!)**
**25 g Kakao**

***Für die Füllung***

**200 g Seidentofu**
**50 g Zucker**
**100 g Margarine**
**2 Eier**
**Mark von 1 Vanilleschote**
**½ P. Vanillepuddingpulver (!)**

## Zubereitung

1. Aus den Teigzutaten mit den Händen einen glatten Mürbteig kneten. Eine Handvoll Teig beiseitelegen.
2. Eine kleine Springform einfetten und mit dem restlichen Teig Boden und Rand auslegen.
3. Den Backofen auf 180 °C vorheizen.
4. Die Zutaten für die Füllung zu einer geschmeidigen Creme verrühren. Auf dem Teigboden verteilen.
5. Aus dem Teigrest Streusel formen und auf der Füllung verteilen.
6. Etwa 1 Stunde backen.

Ergibt: 1 Springform (Ø 16 cm)

laktosefrei milchfrei nussfrei vegetarisch

# Aprikosen-Käsekuchen

*Ein frischer und leichter Kuchen, der auch als Nachtisch dienen kann und sich ganz variabel an Ihren Geschmack und Ihre Bedürfnisse anpassen lässt: Seidentofu oder Magerquark, Aprikosen oder Beeren, Mandelblättchen oder Kokosflocken, ...*

## Zutaten

**50 g glutenfreie Haferflocken**
**50 g Kokosflocken**
**100 g brauner Rohrzucker**
**500 g Aprikosen**
**2 Eier**
**2 EL heißes Wasser**
**500 g Magerquark oder Seidentofu**
**1 P. Sahnesteif (!) oder Vanillepuddingpulver (!)**

## Zubereitung

1. Den Boden einer Springform mit Backpapier auslegen, den Rand einfetten.
2. Haferflocken und Kokosflocken mischen. Die Hälfte der Mischung auf dem Boden der Springform verteilen und mit 20 g des Rohrzuckers bestreuen.
3. Aprikosen halbieren, entsteinen und in Spalten schneiden.
4. Den Backofen auf 180 °C vorheizen.
5. Eier, 50 g des Rohrzuckers und heißes Wasser cremig rühren.
6. Quark oder Seidentofu und Sahnesteif oder Vanillepuddingpulver unterrühren. Die Masse in die Springform füllen.
7. Aprikosenspalten auf die Masse legen. Die restliche Haferflocken-Kokos-Mischung und zum Schluss den restlichen Rohrzucker gleichmäßig darüberstreuen.
8. 55 Minuten backen. In der Form auskühlen lassen.

## Extra-Tipp:

- Wenn Sie bei diesem Rezept Seidentofu statt Magerquark verwenden, weil der Kuchen laktose- oder milchfrei sein soll, ändert sich die Konsistenz.

Ergibt: 1 Springform (Ø 24 cm)

laktose-frei milch-frei nuss-frei vege-tarisch

# Beeren-Käsekuchen



*Besonders an heißen Tagen ist ein leichter Käsekuchen eine erfrischende Köstlichkeit. Diese Variante schmeckt noch dazu wunderbar locker, fruchtig und durch die Beeren saftig und schön säuerlich. Außerdem hat der Boden eine überzeugende Konsistenz und ist kein bisschen bröselig!*

## Zutaten

***Für den Boden***

**50 g Kartoffelstärke**
**60 g Reismehl**
**60 g Kichererbsenmehl**
**30 g Teffmehl**
**1 TL Guarkernmehl**
**½ TL gemahlene Chiasamen**
**60 g Zucker**
**1 Prise Salz**
**1 Ei**
**130 g Margarine**

***Für den Belag***

**4 Eier**
**1 Prise Salz**
**400 g Magerquark**
**80 g Zucker**
**1 EL Zitronensaft**
**½ P. Vanillepuddingpulver (!)**
**350 g Stachelbeeren (frisch oder aus dem Glas und abgetropft)**
**200 g rote Johannisbeeren**

## Zubereitung

1. Kartoffelstärke, Mehle und Chiasamen mit Zucker und Salz mischen. Ei und in Stücke geschnittene Margarine hinzufügen und zu einem glatten Teig verkneten. 30 Minuten kalt stellen.
2. Für den Belag die Eier trennen. Eiweiß mit 1 Prise Salz steif schlagen. Eigelb mit Quark, Zucker, Zitronensaft und Vanillepuddingpulver verrühren. Den Eischnee unter die Quarkmasse heben.
3. Den Backofen auf 160 °C vorheizen. Eine Springform einfetten.
4. Mit bemehlten Händen Boden und Rand der Springform mit dem Teig auslegen.
5. Die Hälfte der Beeren auf dem Tortenboden verteilen, die Quarkmasse darauf geben, glatt streichen und mit den restlichen Beeren bestreuen.
6. 55 bis 60 Minuten backen.

## Extra-Tipps:

- Wenn frische Stachelbeeren verwendet werden, sollten Sie evtl. etwas mehr Zucker nehmen.
- Statt des Vanillepuddingpulvers können Sie auch 20 g Kartoffelstärke verwenden.

Ergibt: 1 Springform (Ø 24 cm)

nuss-frei vege-tarisch

# Torten

# Zitronentorte

*Diese Kühlschranktorte ist sehr zitronig, wenig süß und eine wunderbar erfrischende Köstlichkeit – nicht nur im Sommer!*

## Zutaten

***Für den Boden***

**150 g glutenfreie Löffelbiskuits oder Kekse**
**50 g Margarine**
**Mark von 1 Vanilleschote**

***Für den Belag***

**1 P. Zitronengötterspeise**
**125 ml trockener Weißwein**
**120 g Zucker**
**200 g Frischkäse oder Seidentofu**
**4 EL frischer Zitronensaft**
**400 ml Sahne**

## Zubereitung

1. Die Löffelbiskuits zu Bröseln mahlen und mit der Margarine und der Vanille verkneten.
2. Die Götterspeise mit dem Weißwein 10 Minuten quellen lassen.
3. Im Boden einer Springform Frischhaltefolie oder Backpapier einklemmen, den Rand mit Alufolie auslegen. Die Bröselmasse auf dem Springformboden festdrücken.
4. Die gequollene Götterspeise mit der Hälfte des Zuckers erhitzen (nicht kochen!), bis alles aufgelöst ist.
5. Den Frischkäse oder Seidentofu mit dem restlichen Zucker und Zitronensaft gründlich verrühren. Die abgekühlte Götterspeise nach und nach unterrühren. Kalt stellen.
6. Die Sahne steif schlagen.
7. Wenn die Frischkäsemasse beginnt, fest zu werden, einen Großteil der Sahne unterheben. Die restliche Sahne zum Garnieren aufheben. Die Masse auf dem Tortenboden verteilen und die Torte kalt stellen.
8. Zum Schluss nach Belieben mit der übrigen Sahne garnieren.

## Extra-Tipp:

- Wenn diese Torte nuss- oder eifrei sein soll, müssen Sie darauf achten, dass die verwendeten Kekse auch keine Nüsse oder Eier enthalten.

Ergibt: Springform (Ø 24 cm)

nuss-frei eifrei vege-tarisch

# Schoko-Kokos-Boden mit Zitronencreme



*Diese raffinierte und recht „massive" Kühlschranktorte schmeckt durch die fruchtige Zitronencreme lecker erfrischend. Sowohl der Boden als auch die Creme können gut auch als Bestandteile anderer Tortenkreationen verwendet werden.*

## Zutaten

***Für den Boden***

**60 g Bitterschokolade**
**60 g Margarine**
**3 EL Sahne**
**60 g Zucker**
**100 g Kokosflocken**

***Für den Belag***

**150 g Frischkäse**
**50 g Schmand**
**40 g Zucker**
**abgeriebene Schale von 3 Bio-Zitronen**
**200 ml Sahne**
**Schokolade zum Verzieren (optional)**

## Zubereitung

1. Für den Boden Schokolade und Margarine zusammen schmelzen. Sahne, Zucker und Kokosflocken unterrühren. Den Boden einer Springform mit Backpapier auslegen.
2. Die Schoko-Kokos-Masse darauf verteilen, glatt streichen und festdrücken. Kalt stellen, bis der Boden fest geworden ist.
3. Für den Belag Frischkäse, Schmand, Zucker und Zitronenschale verrühren. Sahne steif schlagen und vorsichtig unterheben.
4. Die Creme auf den festen Boden streichen. Nach Belieben verzieren und kalt stellen.

## Variation:

- Statt Zitronen können Sie auch Limetten verwenden.
- Die Zitronencreme passt als Belag auch gut auf den Karottenkuchen (Seite 166).
- Den Schoko-Kokos-Boden können Sie auch mit einem beliebigen anderen Belag kombinieren – z. B. mit dem Belag der Zitronentorte (Seite 196) oder mit Beeren und Schlagsahne.

Ergibt: 1 Springform (Ø 24 cm)

nuss-frei eifrei vege-tarisch

# Avocado-Zitronen-Torte

*Zugegeben: Avocado ist für eine Torte eine ziemlich ungewöhnliche Zutat. Aber wer Milchprodukte meiden will oder muss, braucht Alternativen – und da bietet sich diese grüne Frucht durchaus an. Der Boden meiner gesunden Kühlschranktortenkreation schmeckt nussig-fruchtig und passt gut zur frischen, zitronigen Creme mit ihrer Kokosnote. Diese Torte ist für Laktoseintolerante ebenso geeignet wie für Veganer und Rohköstler.*

## Zutaten

***Für den Boden***

**40 g gemahlene Mandeln**
**20 g gehackte Walnüsse**
**30 g entsteinte Datteln**
**1 Prise Salz**
**1–2 TL Honig oder Agavendicksaft**

***Für die Creme***

**3 Avocados**
**2 Bio-Zitronen**
**½ TL Zimt**
**1 Prise Salz**
**Mark von ½ Vanilleschote**
**60 g Margarine**
**30 g Kokosraspel**
**2–3 EL Agavendicksaft oder Honig**
**50 g Kokoscreme**
**1 gestr. TL Kokosmehl**

## Zubereitung

1. Alle Zutaten für den Boden im Mixer zu einer einheitlichen Masse verarbeiten.
2. Den Boden einer kleinen Springform mit Backpapier auslegen. Den Rand der Springform befestigen. Die Nuss-Dattel-Masse gleichmäßig auf dem Boden festdrücken.
3. Für den Belag die Avocados entsteinen und das Fruchtfleisch herauslöffeln.
4. Die Schale der Zitronen abreiben, den Saft auspressen.
5. Alle Zutaten für die Creme im Mixer zu einer einheitlichen, geschmeidigen Masse verarbeiten und diese auf den Boden streichen.
6. Die Torte im Kühlschrank fest werden lassen und nach Belieben dekorieren.

Ergibt: 1 Springform (Ø 16 cm)

laktosefrei milchfrei eifrei vegetarisch vegan

# Apfelmustorte mit Cornflakesboden

*Lassen Sie sich von der ungewohnten Farbe nicht abschrecken: Diese Kühlschranktorte bietet einen saftig-fruchtigen Belag auf einem knackig-schokoladigen Boden.*

## Zutaten

***Für den Boden***

**120 g glutenfreie Cornflakes**
**200 g Bitterschokolade**
**30 g Kokosfett (oder Margarine)**

***Für den Belag***

**750–800 g Äpfel**
**30 g Zucker**
**1 TL Zimt**
**1 Bio-Zitrone**
**250 ml Apfelsaft**
**250 ml Weißwein**
**2 P. Vanillepuddingpulver (!)**

## Zubereitung

1. Den Boden einer Springform mit Backpapier auslegen. Für den Boden der Torte die Cornflakes grob zerkleinern. Schokolade und Kokosfett zusammen schmelzen. Alle Zutaten für den Boden verrühren und in die Form füllen. Kalt stellen.
2. Währenddessen für den Belag die Äpfel schälen und würfeln. Die Schale der Zitrone abreiben, den Saft auspressen.
3. Apfelwürfel, Zucker, Zimt, Zitronensaft und -schale in einem Topf mit 400 ml der Flüssigkeit weich kochen.
4. Mit der restlichen Flüssigkeit das Puddingpulver anrühren, dann unter die Apfelmischung rühren. Kurz aufkochen.
5. Die Apfel-Pudding-Mischung etwas abkühlen lassen, dann auf dem Tortenboden verteilen. Kalt stellen. Nach Belieben mit Sahne servieren.

### Extra-Tipp:

- Wenn Sie keinen Alkohol verwenden möchten, können Sie den Weißwein auch durch Apfelsaft ersetzen.

Ergibt: 1 Springform (Ø 24 cm)

laktosefrei · milchfrei · nussfrei · eifrei · vegetarisch · vegan

## Variation:

- Wenn Sie Milchprodukte vertragen, können Sie als zweite Schicht auf die Apfelmus-Pudding-Mischung noch eine Schlagsahneschicht streichen.

# Schwedische Mandeltorte

*Diese Torte wird in Schweden zugegebenermaßen ohne Orangenschale gebacken. Natürlich können Sie sie auch weglassen, aber ich finde, das Orangenaroma passt wunderbar dazu.*

## Zutaten

***Für den Boden***
**6 Eiweiß**
**90 g Puderzucker**
**225 g gemahlene Mandeln**

***Für den Belag***
**150 ml Schlagsahne**
**110 g Zucker**
**6 Eigelb**
**60 g Mandelblättchen zum Verzieren**
**100 g Margarine**
**abgeriebene Schale von 1 Bio-Orange**

## Zubereitung

1. Den Backofen auf 150 °C vorheizen. Eine Springform einfetten.
2. Die Eier trennen. Eigelb für die Füllung beiseitestellen.
3. Eiweiß steif schlagen, dabei Puderzucker einrieseln lassen. Gemahlene Mandeln vorsichtig unterheben.
4. Die Masse in die Springform füllen. Den Boden 25 Minuten backen, dann abkühlen lassen.
5. Für die Füllung Sahne und Zucker im Topf aufkochen lassen. Topf vom Herd nehmen, Eigelb und abgeriebene Orangenschale mit einem Quirl unterrühren. Bei schwacher Hitze 5 Minuten erhitzen (nicht kochen lassen!), bis eine dickcremige Masse entsteht.
6. Die Creme mit Frischhaltefolie bedeckt abkühlen lassen, damit sich keine Haut bildet.
7. Währenddessen die Mandelblättchen in einer beschichteten Pfanne ohne Fett goldgelb rösten und dann abkühlen lassen.
8. Margarine cremig rühren, dann die Eicreme löffelweise unterrühren.
9. Boden aus der Form nehmen und die Eicreme darauf verteilen. Mit den Mandelblättchen bestreuen.
10. Vor dem Servieren mindestens 1 Stunde kalt stellen.

Ergibt: 1 Torte (Ø 26 cm)

vege-
tarisch

# Donauwelle



*Ein Klassiker, der aufwendig ist, aber auch in dieser gluten- und milchfreien Variante so lecker schmeckt, dass niemand einen Unterschied bemerkt.*

## Zutaten

***Für den Teig***

**350–500 g Sauerkirschen (aus dem Glas, Abtropfgewicht)**
**250 g Margarine**
**170 g Zucker**
**6 Eier**
**100 g Kartoffelstärke**
**100 g Reismehl**
**100 g Kichererbsenmehl**
**50 g Hirsemehl**
**1 geh. TL Guarkernmehl**
**½ P. Backpulver (!)**
**2 EL Kakaopulver**

***Für die Creme***

**800 ml (Mandel-)Milch**
**2 P. Vanillepuddingpulver (!)**
**50 g Zucker**
**1 P. Vanillezucker**
**180 g Margarine**

***Für die Glasur***

**200 g Bitterschokolade**
**30 g Kokosfett oder -öl**

## Zubereitung

1. Die Kirschen abtropfen lassen. Ein kleines Backblech einfetten.
2. Für den Teig Margarine und Zucker schaumig rühren, die Eier unterrühren. Mehlsorten und Backpulver mischen, unter die Eimasse rühren.
3. Den Backofen auf 175 °C vorheizen.
4. Die Hälfte des Teigs auf dem Backblech verteilen. Den Kakao unter die zweite Hälfte des Teigs rühren. Den dunklen auf den hellen Teig streichen.
5. Die Kirschen auf dem Teig verteilen.
6. Den Kuchen 35 Minuten backen. Auskühlen lassen.
7. Währenddessen für die Creme einige Esslöffel der (Mandel-) Milch mit dem Puddingpulver, Zucker und Vanillezucker anrühren. Die restliche Milch aufkochen. Den angerührten Pudding unterrühren, kurz aufkochen lassen. Dann den Topf vom Herd nehmen. Den Pudding gelegentlich umrühren, damit sich keine Haut darauf bildet.
8. Die Margarine schmelzen und mit dem Pudding zu einer glatten Creme verquirlen. Etwas abkühlen lassen.
9. Die Puddingcreme gleichmäßig auf den kalten Kuchen streichen. Auskühlen lassen.
10. Für die Glasur Schokolade und Kokosfett im Wasserbad schmelzen. Auf der kalten Creme verteilen, sodass ein dicker Schokoladenguss entsteht. Kalt stellen.

### Extra-Tipp:

- Donauwelle eignet sich aufgrund der Cremefüllung nicht so gut zum Einfrieren, hält sich im Kühlschrank aber problemlos mehrere Tage.

Ergibt: 1 kleines Blech (ca. 26 x 39 cm)

laktose-frei milch-frei nuss-frei vege-tarisch

# Erdbeer-Waffeltorte

*Ist sie nicht ein Hingucker, diese Torte? Dieser Traum aus Waffeln, Erdbeeren und Sahne lässt nicht nur Kinderherzen höher schlagen!*

## Zutaten

***Für die Mandelwaffeln***
**50 g Margarine**
**50 g Zucker**
**1 P. Vanillezucker**
**3 Eier**
**200 ml kohlensäurehaltiges Wasser**
**40 g Kartoffelstärke**
**160 g glutenfreie Mehlmischung**
**abgeriebene Schale von 1 Bio-Zitrone**
**100 g gemahlene Mandeln**

***Für den Belag und zum Verzieren***
**200 ml Schlagsahne**
**1 P. Sahnesteif (!)**
**3 EL Erdbeermarmelade**
**350 g Erdbeeren**

## Zubereitung

1. Margarine, Zucker, Vanillezucker und Eier schaumig rühren. Wasser, Kartoffelstärke und Mehl abwechselnd unterrühren. Zum Schluss Zitronenschale und gemahlene Mandeln hinzufügen.
2. Den Teig etwa 15 Minuten quellen lassen. Das Waffeleisen vorheizen und gegebenenfalls einfetten.
3. Den flüssigen Teig esslöffelweise im Waffeleisen verteilen und nacheinander die Waffeln backen.

In der Zwischenzeit die Sahne mit Sahnesteif steif schlagen; die Erdbeermarmelade vorsichtig unterziehen. Die Erdbeeren je nach Größe in Scheiben oder Viertel schneiden.

4. Die Mitte einer Waffel mit Erdbeerstücken belegen. Mit einem Spritzbeutel darum herum mehrere Sahnetupfer spritzen. Eine zweite Waffel darauflegen und den Vorgang wiederholen, bis fünf Waffeln übereinandergestapelt sind.
5. Den Abschluss bildet eine Schicht aus Sahnetupfern. Mit Erdbeeren garnieren. Möglichst rasch servieren.

## Extra-Tipps:

- Die Waffeltorte sieht mit fünf Waffeln spektakulär aus, lässt sich aber besser zerschneiden, wenn sie nur aus vier Waffeln zusammengesetzt ist.
- Für diese Waffeltorte benötigen Sie vier oder fünf Waffeln, das Rezept für Mandelwaffeln ergibt allerdings sieben bis acht. Sie können von allen Zutaten also entweder entsprechend weniger verwenden, die übrigen Waffeln einfach so essen – oder zwei Waffeltorten machen.

Ergibt: 1 Waffeltorte

vege-
tarisch

# Schoko-Kirsch-Torte



*Diese verführerische Tortenkreation besteht aus drei Schichten und erinnert an Schwarzwälder Kirschtorte, kommt aber ganz ohne Milchprodukte aus und ist aufgrund der veganen Mousse au Chocolat deutlich schokoladiger.*

## Zutaten

***Für den Boden***

**3 Eier**
**3 EL warmes Wasser**
**120 g Zucker**
**100 g gemahlene Mandeln**
**50 g Kartoffelstärke**

***Für die Kirsch-Schicht***

**350 g Kirschen (aus dem Glas, Abtropfgewicht)**
**ca. 250 ml Kirschsaft**
**2 EL Kartoffelstärke**

***Für die Schoko-Mousse-Schicht***

**400 g Seidentofu**
**200 g Bitterschokolade (ca. 75 % Kakao)**
**1 P. Vanillezucker**

***Zum Verzieren***

**Mandelkrokant oder gehackte Mandeln**

## Zubereitung

1. Den Backofen auf 180 °C vorheizen. Eine Springform einfetten.
2. Die Kirschen abtropfen lassen, den Saft auffangen.
3. Für den Boden die Eier trennen. Eiweiß zu steifem Schnee schlagen. Eigelb, Wasser und Zucker schaumig rühren. Gemahlene Mandeln und Kartoffelstärke unterrühren, dann den Eischnee unterheben.
4. Den Teig in die Form füllen und 25 Minuten backen. Auskühlen lassen.
5. Währenddessen für die Kirsch-Schicht die Kartoffelstärke mit einigen Löffeln Kirschsaft glatt rühren. Den restlichen Saft aufkochen lassen. Die Kirschen und den mit Stärke angerührten Saft einrühren, alles einmal kurz aufkochen lassen, dann vom Herd nehmen und auskühlen lassen. Dabei gelegentlich umrühren.
6. Für die Schoko-Mousse Seidentofu (ohne Flüssigkeit) pürieren. Schokolade im Wasserbad schmelzen. Vanillezucker und Schokolade mit dem Seidentofu vermischen, bis die Masse eine geschmeidige, einheitliche Konsistenz hat. Abkühlen lassen.
7. Die Kirsch-Schicht auf dem ausgekühlten Boden verteilen, die Mousse darauf streichen. Die Torte kalt stellen und vor dem Servieren nach Belieben mit Mandelkrokant oder gehackten Mandeln dekorieren.

### Extra-Tipp:

- Wenn Sie als unterste Schicht einen veganen Tortenboden wählen, können Sie diese Torte auch komplett vegan zubereiten.

Ergibt: 1 Springform (Ø 24 cm)

laktose-frei milch-frei vege-tarisch

# Erdbeer-Schoko-Torte



*Hier wird der intensive Schokogeschmack des massiven Tortenbodens mit fruchtig-frischen Erdbeeren und luftiger Sahne kombiniert – ein Traum!*

## Zutaten

***Für den Boden***

**60 g Bitterschokolade**
**60 g Margarine**
**5 Eier**
**1 Prise Salz**
**90 g Zucker**
**60 g gemahlene Mandeln**
**20 g Kakaopulver**

***Für den Belag***

**300 ml Sahne**
**500 g Erdbeeren**

## Zubereitung

1. Für den Teig die Schokolade mit der Margarine schmelzen. 3 der Eier trennen. Das Eiweiß mit 1 Prise Salz zu steifem Schnee schlagen.
2. Den Backofen auf 160 °C vorheizen. Eine Springform einfetten.
3. Das Eigelb, die beiden ganzen Eier und den Zucker schaumig rühren.
4. Die geschmolzene Schokolade mit der Ei-Zucker-Mischung gut vermengen. Gemahlene Mandeln und Kakaopulver unter die Masse rühren. Den Eischnee vorsichtig unterheben.
5. Den Teig in die Form füllen, glatt streichen und 30 Minuten backen. Auskühlen lassen.
6. Für den Belag die Sahne steif schlagen und die Erdbeeren halbieren. Einige Erdbeeren zum Verzieren beiseitelegen.
7. Den Tortenboden mit halbierten Erdbeeren belegen, die Schlagsahne darüber streichen. Die Torte mit den restlichen Erdbeeren verzieren.

### Extra-Tipp:

- Wenn Kinder mitessen, bietet es sich an, die Hälfte der Bitterschokolade durch Vollmilchschokolade zu ersetzen.

Ergibt: 1 Springform (Ø 24 cm)

vege-
tarisch

# Birnen-Mandel-Torte



*Hier wird intensiver Mandelgeschmack mit leckerem Vanillepudding und weicher, milder Birne kombiniert. Das Ergebnis ist einfach köstlich und noch dazu vegan, überzeugt aber auf jeden Fall auch Esser, die sich normalerweise weder glutenfrei noch vegan ernähren.*

## Zutaten

***Für den Teig***

**150 g gemahlene Mandeln**
**25 g Zucker**
**40 g Margarine**

***Für die Füllung***

**25 g Zucker**
**50 g Margarine**
**1 P. Vanillepuddingpulver (!)**
**320 ml (Mandel-)Milch**

***Für den Belag***

**3 EL Wasser**
**1 EL Zucker**
**1 Birne**
**Mandelkrokant zum Bestreuen**

## Zubereitung

1. Für den Teig gemahlene Mandeln, Zucker und Margarine verrühren.
2. Die Springform einfetten. Den Boden der Form mit dem Teig auslegen und einen etwa 4 cm hohen Rand formen.
3. Den Backofen auf etwa 150°C vorheizen.
4. Für den Belag Zucker und Wasser in einer Pfanne erhitzen, bis sich der Zucker aufgelöst hat. Die Birne in sechs Spalten schneiden und das Gehäuse entfernen. Die Birnenspalten in den Zuckersirup legen und unter gelegentlichem Wenden im Sirup garen. Im Sirup auskühlen lassen.
5. Den Teig 15 Minuten backen, dann in der Form auskühlen lassen.
6. Für die Füllung Zucker und Margarine in einem großen Topf erhitzen. 6 EL der (Mandel-)Milch mit dem Puddingpulver verrühren, die restliche (Mandel-)Milch zu der Margarine-Zucker-Mischung gießen. Das angerührte Puddingpulver hinzufügen und alles mit einem Schneebesen verquirlen, bis der Pudding eindickt. 5 Minuten abkühlen lassen.
7. Die Füllung auf dem Teigboden verteilen, die Birnen darauf sternförmig auslegen und die Torte mit Mandelkrokant bestreuen. Vor dem Servieren mindestens 1 Stunde kalt stellen. Schmeckt frisch am besten.

Ergibt: 1 Torte (Ø 16 cm)

laktose-frei milch-frei eifrei vege-tarisch vegan

# Plätzchen und Kekse

# Vanillekipferln

*Mit echter Vanille schmeckt dieses traditionelle Weihnachtsgebäck natürlich am allerbesten. Die glutenfreie Variante ist innen weich und außen leicht knusprig – genau so, wie es sein muss!*

## Zutaten

**50 g Kartoffelstärke**
**50 g Reismehl**
**50 g Kichererbsenmehl**
**1 TL Guarkernmehl**
**Mark von 1 Vanilleschote**
**50 g Zucker**
**1 Prise Salz**
**1 Ei**
**120 g Margarine**
**100 g gemahlene Mandeln**
**Puderzucker zum Bestäuben**

## Zubereitung

1. Aus den Teigzutaten einen Mürbteig kneten. 30 Minuten kalt stellen.
2. Den Backofen auf 160 °C vorheizen. 2 Backbleche mit Backpapier auslegen.
3. Aus dem Teig kleine Kipferln formen und auf das Blech legen. 10 bis 12 Minuten backen.
4. Die abgekühlten Kipferln mit Puderzucker bestäuben.

laktose-frei milch-frei vege-tarisch

# Schokostäbchen

*Eine köstlich-saftige Leckerei, die ganz ohne Mehl auskommt und nicht nur zur Weihnachtszeit wunderbar schmeckt!*

## Zutaten

***Für den Teig***

**60 g Bitterschokolade**
**1 Ei**
**1 Eigelb**
**125 g Zucker**
**1 P. Bourbon-Vanillezucker**
**1 Prise Salz**
**300 g gemahlene Mandeln**
**½ TL Backpulver (!)**

***Für den Guss***

**1 Eiweiß**
**1 TL Kakaopulver**
**60 g Puderzucker**

## Zubereitung

1. Die Schokolade fein reiben. Ei, Eigelb, Zucker und Vanillezucker schaumig rühren. Dann Salz, Mandeln, Schokolade und Backpulver unterkneten. Den Teig 15 Minuten kalt stellen.
2. Währenddessen für den Guss das Eiweiß steif schlagen. Kakaopulver und Puderzucker langsam einrieseln lassen, dabei weiter schlagen.
3. Den Backofen auf 175 °C vorheizen. Ein Backblech mit Backpapier auslegen.
4. Den Teig zu einem etwa 5 mm dicken Rechteck ausrollen und in etwa fingerdicke Stäbchen schneiden.
5. Die Stäbchen dick mit dem Guss bestreichen. Etwa 12 Minuten backen.

## Extra-Tipp:

- Sollte etwas Guss übrig bleiben, können Sie ihn als Kakao-Baisers backen. Dazu setzen Sie einfach kleine Häufchen der Masse neben die Schokostäbchen auf das Backblech. Wenn Sie mögen, können Sie vor dem Backen auch gehackte Mandeln unter die Kakao-Baiser-Masse rühren.

Ergibt: 25–30 Plätzchen

laktosefrei milchfrei vegetarisch

## Variation:

- Wer Kaffee mag, kann 1 TL Instant-Kaffeepulver unter den Teig rühren.

# Orangen-Schoko-Kekse

*Dieses weihnachtliche Gebäck ist innen schön weich und schmeckt sowohl fruchtig als auch schokoladig.*

## Zutaten

**100 g Bitterschokolade**
**1 Bio-Orange**
**120 g Margarine**
**70 g Zucker**
**1 P. Vanillezucker**
**1 Ei**
**50 g Kartoffelstärke**
**70 g Kichererbsenmehl**
**70 g Reismehl**
**½ TL Guarkernmehl**
**1 Msp. Natron**
**1 gestr. TL Backpulver (!)**
**1 Prise Salz**

***Zum Verzieren***
**50 g Bitterschokolade**
**10 g Margarine**

## Zubereitung

1. Die Schokolade hacken. Die Schale der Orange abreiben, den Saft auspressen.
2. Margarine, Zucker und Vanillezucker cremig rühren. Ei, Orangensaft und -schale unterrühren.
3. Kartoffelstärke, die Mehlsorten, Natron, Backpulver und Salz mischen. Zur Eimasse hinzufügen und unterrühren. Zum Schluss die Schokoladenstückchen gleichmäßig unterrühren.
4. Den Backofen auf 175 °C vorheizen. 2 Backbleche mit Backpapier auslegen.
5. Mit einem Teelöffel etwa 25 kleine Teigportionen mit etwas Abstand voneinander auf die Bleche setzen. Etwa 10 Minuten backen. Auskühlen lassen.
6. Für die Verzierung Schokolade und Margarine zusammen schmelzen. Die Plätzchen beliebig dekorieren.

Ergibt: 25 Plätzchen

laktosefrei milchfrei nussfrei vegetarisch

# Ingwer-Marzipan-Doppeldecker



*Diese Mürbteig-Doppeldecker mit scharf-süßer Füllung sind sehr variabel und in der hier vorgestellten Grundversion ein Gedicht für Ingwerliebhaber.*

## Zutaten

***Für den Teig***

**25 g kandierter Ingwer**
**25 g Orangeat**
**1 Ei**
**90 g Kartoffelstärke**
**110 g Kichererbsenmehl**
**120 g Reismehl**
**1 gestr. TL Guarkernmehl**
**100 g Zucker**
**150 g Margarine**

***Für die Füllung***

**80 g kandierter Ingwer**
**80 g Marzipan**
**1 EL Marmelade**
**(z. B. Orange oder Aprikose)**

## Zubereitung

1. Für den Teig kandierten Ingwer und Orangeat fein hacken.
2. Die übrigen Teigzutaten rasch mit Ingwer und Orangeat verkneten, sodass ein geschmeidiger Teig entsteht. Falls der Teig klebt, vor der Verarbeitung 1 Stunde kalt stellen.
3. Den Backofen auf 175 °C vorheizen. 2 Backbleche mit Backpapier auslegen.
4. Den Teig 3 bis 4 mm dick ausrollen und mit einem runden Ausstecher 40 Kreise mit einem Durchmesser von 6 cm ausstechen. Sofern gewünscht, auf die Hälfte der Plätzchen einen Keksstempel drücken.
5. Die Plätzchen auf die Backbleche legen und ca. 10 Minuten backen.
6. Währenddessen für die Füllung den kandierten Ingwer hacken. Mit dem Marzipan und der Marmelade gut vermischen.
7. Die Plätzchen auskühlen lassen. Dann die Hälfte der Plätzchen (ohne Stempelaufdruck) mit der Füllmasse bestreichen, die Keksoberseiten darauflegen und leicht andrücken.

## Extra-Tipp:

- Wenn Sie einen Keksstempel verwenden, sollten Sie den Teig nicht zu dünn ausrollen.

Ergibt: 20 Doppeldecker

laktosefrei milchfrei vegetarisch

## Variation:

- Als Füllung können Sie alternativ auch Zartbitterschokocreme oder Marmelade verwenden. Dann sind diese Kekse auch nussfrei.
- Wer keinen Keksstempel hat, kann die Doppeldecker stattdessen auch mit einer Schokoladen- oder Zitronenglasur überziehen.

# Lebkuchen

*Lebkuchen gehören unbedingt zur Weihnachtszeit dazu.*
*Diese Variante schmeckt aromatisch, lecker und wunderbar (vor)weihnachtlich!*

## Zutaten

**4 Eier**
**100 g Zucker**
**100 g (Honig-)Marzipan**
**3 TL Lebkuchengewürz**
**abgeriebene Schale von 1 Bio-Zitrone**
**75g Orangeat**
**75 g Zitronat**
**125 g gemahlene Mandeln**
**125 g gemahlene Haselnüsse**
**60 g Kartoffelstärke**
**60 g Reismehl**
**60 g Teffmehl**

## Zubereitung

1. Eier und Zucker schaumig rühren.
2. Marzipan, Lebkuchengewürz, Zitronenschale, Orangeat und Zitronat hinzufügen und unterrühren.
3. Mandeln, Haselnüsse, Kartoffelstärke und Mehl hinzufügen und gut verrühren, sodass ein schwerer Teig entsteht.
4. Den Backofen auf 175 °C vorheizen. 2 Backbleche mit Backpapier auslegen.
5. Mit 2 angefeuchteten Teelöffeln die Masse portionsweise auf die Backbleche setzen und etwas glatt streichen. Zwischen den einzelnen Portionen etwas Abstand lassen.
6. Die Lebkuchen 25 bis 30 Minuten backen, sodass sie innen noch weich sind.
7. Die ausgekühlten Lebkuchen nach Belieben mit Schokolade oder Zuckerglasur überziehen.

laktose-frei milch-frei vege-tarisch

# Dattelkugeln

*Diese fruchtigen Energiebällchen werden nicht gebacken, sind also auch für Rohköstler geeignet.*

## Zutaten

**1 Bio-Orange**
**80 g getrocknete Datteln (entsteint)**
**50 g glutenfreie Haferflocken**
**50 g gemahlene Mandeln**
**15–20 g Honig oder Agavendicksaft**

## Zubereitung

1. Die Schale der Orange abreiben, den Saft auspressen. Die Datteln fein hacken.
2. Haferflocken und gemahlene Mandeln mit 2 EL Orangensaft und der abgeriebenen Orangenschale in einer Schüssel vermischen.
3. Datteln und Honig (oder Agavendicksaft) unter die Haferflockenmasse rühren.
4. Ein Backblech mit Backpapier auslegen. Aus der Masse 20 Kugeln (ca. 2 cm Durchmesser) formen.
5. Die Kugeln auf dem Backblech mindestens 1 Stunde bei Zimmertemperatur trocknen lassen.

## Extra-Tipp:

- Luftdicht abgeschlossen und im Kühlschrank halten sich die Dattelkugeln mehrere Wochen.

## Variation:

- Rühren Sie doch einmal Kokosflocken oder Leinsamen unter die Masse, um eine Geschmacksvariante auszuprobieren.

# Cantuccini



*Cantuccini sind ein traditionelles Mandelgebäck aus der Toskana, das durch zweimaliges Backen mürbe und haltbar wird. Diese glutenfreie Version schmeckt sehr authentisch und einfach lecker!*

## Zutaten

**50 g Reismehl**
**50 g Kichererbsenmehl**
**2 TL Guarkernmehl**
**50 g Kartoffelstärke**
**100 g gemahlene Mandeln**
**1 TL gemahlene Chiasamen**
**120 g Zucker**
**½ P. Backpulver (!)**
**1 P. Vanillezucker**
**1 Prise Salz**
**25 g Margarine**
**2 Eier**
**120 g Mandeln**
**2 EL Amaretto**
**abgeriebene Schale von 1 Bio-Zitrone**

## Zubereitung

1. Mehlsorten, Kartoffelstärke, gemahlene Mandeln, Chiasamen, Zucker, Backpulver, Vanillezucker und Salz mischen. In die Mitte eine Mulde eindrücken, Margarine und Eier hineingeben. Alles zu einem glatten, klebrigen Teig verarbeiten.
2. Die restlichen Zutaten hinzufügen und unterkneten. Den Teig 1 Stunde kalt stellen.
3. Den Backofen auf 200 °C vorheizen. 2 Backbleche mit Backpapier auslegen.
4. Den Teig zu mehreren 3 bis 4 cm dicken Rollen formen und auf das Backblech legen.
5. Die Teigrollen 15 Minuten backen und ein wenig abkühlen lassen. Mit einem scharfen Messer vorsichtig in gut 1 cm dicke Scheiben schneiden. Die Scheiben auf das Backblech legen und bei 200 °C noch einmal 10 Minuten backen.

## Extra-Tipp:

- Damit die Cantuccini nicht weich werden, sollten sie in einer luftdicht abschließenden Blechdose aufbewahrt werden.

Ergibt: ca. 30 Kekse

laktose-
frei

milch-
frei

vege-
tarisch

# Danksagung

Die Arbeit an einem Buch wie diesem ist mit viel Planung, Kreativität und zahlreichen Stunden in der Küche und am Schreibtisch verbunden. Recherche, Abstimmung mit dem Verlag, Ideen sammeln, kochen, backen, dekorieren, fotografieren, Fotos bearbeiten, alles verschriftlichen, essen und verbessern … Natürlich hat bei all dem die Erfahrung geholfen, die ich bereits mit dem Vorgängerbuch „Genuss ohne Gluten" sammeln konnte. Trotzdem war es von unschätzbarem Wert, dass ich Menschen um mich hatte, die mir bei meiner Arbeit mit Rat und Tat zur Seite gestanden haben.

An dieser Stelle möchte ich mich bei all jenen bedanken, die mir bei der Entstehung von „Garantiert glutenfrei genießen" auf die unterschiedlichste Weise geholfen haben:

- bei meinem Lebensgefährten Jürgen, der meist der erste Esser und konstruktive Kritiker meiner Koch- und Backversuche ist, mich in vielerlei Hinsicht unterstützt und immer für mich da ist. Du bist der Beste!
- beim Team von books4success – allen voran bei meiner Lektorin Hildegard Brendel, die stets ein offenes Ohr für mich hat und mit der ich immer alle Ideen, Probleme und noch viel mehr besprechen kann. Vielen Dank für Ihr Engagement und Ihre Begeisterung!
- bei meiner Mutter für die Vererbung des „kulinarischen Gens" und für diverse Accessoires, die beim Dekorieren für meine Fotos zum Einsatz kamen. Auch einzelne Rezeptideen stammen von ihr.
- bei Martin, der mir bei der Einrichtung meines Blogs www.genussohnegluten.de geholfen hat.
- bei Sulamith, Franziska, Stephan, Juliane und Claudia für Rezeptanregungen.
- bei meinen zahlreichen wohlwollenden Testessern und Freunden, die mir immer wieder gerne Gelegenheit zu neuen Koch- und Backkreationen geboten haben, dankbare Abnehmer für kulinarische Experimente waren und sich interessiert erkundigt haben, wie es um meine Buchprojekte steht – allen voran Jürgen, Chris, Martin, Claudia, Juliane, Dorothea, Horst Günther, Conny, Jörg, Bea, Martin und Beate. Danke, dass ihr mich mit eurer Begeisterung ermutigt, mit konstruktiver Kritik unterstützt und die Entstehung dieses Buches freundschaftlich begleitet habt!
- bei den Lesern meines Blogs und meines Buches „Genuss ohne Gluten" für das anspornende Lob und die hilfreichen Anregungen.

# Allergentabelle

| | Seite | laktosefrei | milchfrei | nussfrei | eifrei | vegetarisch | vegan |
|---|---|---|---|---|---|---|---|
| Ananas-Ingwer-Muffins | 134 | x | x | x | | x | |
| Apfelkuchen mit Mandelguss | 178 | x | x | | | x | |
| Apfel-Müsli-Schnitten | 156 | x | x | | x | x | x |
| Apfelmustorte mit Cornflakesboden | 202 | x | x | x | x | x | x |
| Apfelstrudel | 160 | x | x | | | x | |
| Apfel-Walnuss-Kuchen | 172 | x | x | | | x | |
| Aprikosen-Käsekuchen | 190 | x | x | x | | x | |
| Aprikosenkuchen mit Mandelguss | 182 | x | x | | | x | |
| Avocado-Zitronen-Torte | 200 | x | x | | x | x | x |
| Bananen-Schoko-Kuchen | 170 | x | x | | x | x | x |
| Beeren-Käsekuchen | 192 | | | x | | x | |
| Beeren-Mandel-Muffins mit Streuseln | 130 | x | x | | | x | |
| Beeren-Walnuss-Auflauf | 96 | x | x | | | x | |
| Bienenstich-Törtchen | 140 | x | x | | x | x | x |
| Birnen-Mandel-Torte | 214 | x | x | | x | x | x |
| Brownies mit Walnüssen | 148 | x | x | | | x | |
| Canihua-Brötchen | 114 | x | x | x | x | x | x |
| Cantuccini | 230 | x | x | | | x | |
| Chatschapuri | 64 | | | x | | x | |
| Chili sin Carne | 74 | x | x | x | x | x | x |
| Cupcakes mit Beerenhaube und Füllung | 124 | | | x | | x | |
| Dattelkugeln | 228 | x | x | | x | x | x |
| Donauwelle | 206 | x | x | x | | x | |
| Engadiner Nusskuchen | 164 | x | x | | | x | |
| Erdbeer-Cupcakes | 126 | | | x | | x | |
| Erdbeer-Käseküchlein im Glas | 90 | | | x | x | x | |
| Erdbeer-Schoko-Torte | 212 | | | | | x | |
| Erdbeer-Waffeltorte | 208 | | | | | x | |
| Falafel mit Schafskäsecreme | 48 | x | | x | x | x | |
| Fruchtige Scones | 150 | x | x | | x | x | x |
| Gefüllte Muffins | 138 | x | x | x | x | x | x |

| | Seite | laktosefrei | milchfrei | nussfrei | eifrei | vegetarisch | vegan |
|---|---|---|---|---|---|---|---|
| Gefüllte Zucchini | 80 | x | | x | x | | |
| Gemüse-Lachs-Quiche | 60 | x | | x | | | |
| Gewürzbrot mit Hanf | 106 | x | x | x | x | x | x |
| Hackfleischbällchen | 46 | | | x | | | |
| Heidelbeer-Törtchen | 142 | | | | | x | |
| Hirsebratlinge mit Apfel | 82 | x | x | x | x | x | x |
| Ingwer-Marzipan-Doppeldecker | 224 | x | x | | | x | |
| Johannisbeerkuchen mit Baiserhaube | 180 | x | x | x | | x | |
| Kaiserschmarrn | 86 | x | x | | | x | |
| Karotten-Ingwer-Suppe | 38 | x | x | x | x | x | x |
| Karottenkuchen | 166 | x | x | | | x | |
| Kartoffelauflauf | 76 | x | | x | | | |
| Kartoffelbrot | 100 | x | x | x | | x | |
| Käsefinger | 120 | | | x | | x | |
| Käsepuffer | 52 | x | | x | | x | |
| Kastenbrot mit Quark | 104 | | | x | | x | |
| Kokosecken | 152 | x | x | x | | x | |
| Kürbiskuchen | 186 | x | x | | | x | |
| Laugengebäck | 118 | | | x | x | x | |
| Lebkuchen | 226 | x | x | | | x | |
| Leinsamenbrötchen mit Canihua | 116 | x | x | x | x | x | x |
| Linzer Torte | 162 | x | x | | | x | |
| Mandelhörnchen | 154 | x | x | | | x | |
| Mandelwaffeln | 146 | x | x | | | x | |
| Mango-Hähnchen | 78 | x | x | x | x | | |
| Mango-Kokos-Muffins | 136 | x | x | x | x | x | x |
| Marillenknödel | 88 | x | x | | x | x | x |
| Mini-Quiches | 42 | x | | x | | x | |
| Mischbrot aus dem Brotbackautomaten | 108 | x | x | x | x | x | x |
| Mousse au Chocolat | 92 | x | x | x | x | x | x |
| Nusskuchen mit Zitronenglasur | 168 | x | x | | x | x | x |

# Rezeptverzeichnis